Teses de Direitos Fundamentais na Prática da Advocacia Criminal

ORGANIZADORES:

ULISSES PESSÔA

CRISTIANE DUPRET

Dados Internacionais de Catalogação na Publicação (CIP)
(Câmara Brasileira do Livro, SP, Brasil)

Teses de direitos fundamentais na prática da
    advocacia criminial / organização Cristiane
    Dupret , Ulisses Pessôa. -- 1. ed. -- Rio de
    Janeiro : SeuFuturo.com, 2020.

    Vários autores
    Bibliografia
    ISBN 978-65-88827-01-7

    1. Artigos - Coletâneas 2. Direitos fundamentais
3. Processo penal I. Dupret, Cristiane. II. Pessôa,
Ulisses.

20-46631   CDU-343

Índices para catálogo sistemático:

1. Direitos fundamentais : Advocacia criminal :
    Direito penal 343

Aline Graziele Benitez - Bibliotecária - CRB-1/3129

Copyright © 2020 Ulisses Pessôa e Cristiane Dupret (org.)

Sumário

APRESENTAÇÃO

Mais uma vez, estou muito honrado em apresentar mais uma obra do grupo de pesquisa formado pelos alunos e capitaneada pelo Professor Doutor Ulisses Pessôa.

A obra, intitulada Teses de direitos fundamentais na prática da advocacia criminal, toca num tema extremamente problemática e, ainda, muito nebulosa.

Enquanto eu for coordenador do curso de Direito da UNISUAM, trabalharei para que a pesquisa esteja sempre umbilicalmente conectada ao ensino, pois acredito, veemente, que não há outro caminho para o sucesso na área jurídica sem a junção perfeita desses dois elementos, ou seja, não há sucesso profissional desassociado da pesquisa.

O tema abordado, na presente obra, tem o condão de despertar aos eleitores para uma problemática muito latente no atual direito.

A partir do nebuloso ano de 2016, o Brasil iniciou um processo de mitigação, ou até mesmo supressão, de grandes direitos fundamentais.

É muito comum ouvir que não há garantias absolutas aos

direitos fundamentais e que tais direitos podem ser mitigados em conflitos axiológicos com outros direitos.

Discordo!

Quem nunca leu, em sentenças e acórdãos, essa expressão: "Não existe direitos fundamentais absolutos."?!

Pode tudo diante do velho jargão da necessidade de manter a ordem no caos. Conforme leciona Günther Jakobs: "o direito penal do inimigo é indicativo de uma pacificação insuficiente".

Nessa esteira, o grupo de pesquisa desenvolve papel de suma importância, pois assume o compromisso de desvelar os entraves sobre o tema proposto, pois a
principal diferença entre os seres humanos é a capacidade da análise crítica e sua postura acadêmica diante dos fatos apresentados.

Mais uma vez, destaco que o grupo de pesquisa, liderado pelo Professor Ulisses Pessôa, desenvolve esse papel com maestria e compromisso sério com a pesquisa, destacando-se pelos preciosos escritos presentes nessa obra.

Pela importância da temática tratada na presente obra, indico com toda a certeza aos estudantes e estudiosos do assunto, sejam leitores da graduação ou pós-graduação, pois servirá como fonte de consulta indispensável para entendimento e aprofundamento do tema.

Rio de Janeiro, 30 de outubro de 2020

Ronaldo Brito

Coordenador do Curso de Direito da UNISUAM

PREFÁCIO

No caminhar da prática criminal, muitas são as dificuldades encontradas para se combater, por vezes, as arbitrariedades estatais. Infelizmente, isso tem se tornado uma prática constante no dia a dia dos advogados criminalistas.

O Estado, através de atores, tem desenvolvido na prática forense uma verdadeira marginalização dos criminalistas afetando, por conseguinte, a carreira advocatícia, a Ordem dos advogados do Brasil e a própria sociedade, pois uma advocacia fragilizada, afeta, não somente a justiça como um todo, mas, outrossim, toda a sociedade.

Rotineiramente, a reboque, os direitos fundamentais são vilipendiados só pelo motivo de estarem sendo arvorados por advogados criminalistas. O que não se percebe é que fragilizar tais direitos é relativizar a constituição, suas normas e tornar a sociedade mais vulnerável e debilitada.

Podemos asseverar e proferir que a sustentação dos direitos fundamentais é o ponto central para qualquer defesa de direitos no que diz respeito à prática da advocacia criminal. Afinal de contas, o texto constitucional deve ser resguardado e utilizado quanto à defesa da sociedade.

Por isso, o advogado criminalista deve ter como norte para a construção de qualquer defesa, os direitos fundamentais. Saber transitar por eles é condição imprescindível para a fomentação de teses defensivas em detrimento de toda a arbitrariedade estatal.

Refletindo sobre estes pontos, o Grupo de pesquisas Sociedade Globalizada e Sistema Penal (SGSP) passou a investigar, profundamente, o tema "direitos fundamentais", mas com uma afetação à advocacia criminal. O mais interessante é que, das pesquisas, passou-se a perceber que as teses defensivas que gravitam em torno dos direitos fundamentais acabam tendo uma perspectiva interdisciplinar.

Neste sentido, encontrar-se-á na leitura dos artigos uma análise, até mesmo, fora do direito penal ou do processo penal. Por exemplo, reflexões como Direitos humanos, inteligência artificial, dentre outras máximas, poderão ser visitadas e revisitadas no universo da leitura dos artigos inseridos neste livro.

Modernamente, a visão do advogado criminalista deve ser interdisciplinar, transitando, não somente, por outras áreas do saber como, por exemplo, filosofia, sociologia, psicanálise, mas, outrossim, pelas outras áreas do próprio direito.

Devemos lembrar que o Direito é um só, sua interpretação deve ser sistemática. Assim, as teses defensivas nas ciências criminais devem ser pensadas, muitas vezes, com fulcro em ideias que são partilhadas nos outros ramos. O pensamento nunca deve estar estanque!

Para mim, é um privilégio poder, mais uma vez, prefaciar um livro sério, originado de uma investigação séria. Não baseada em simples achismos, mas, sim, dentro de uma visão acadêmica alinhada à prática. Pois é assim que deve ser. A academia não pode estar isolada dos acontecimentos práticos, caso contrário, estará discutindo o nada, o inexistente, o irrelevante.

Por fim, tenho certeza que o leitor terá uma grande oportunidade de leitura e aprendizado prático no tocante à advocacia criminal. Não tenho dúvidas que, destas leituras, surgirão insights práticos para a defesa da sociedade, a defesa dos direitos fundamentais.

Avante sempre!

Copacabana, 5 de outubro de 2020
Ulisses Pessôa
Doutor em Direito pela UNESA/RJ

A NÃO OBSERVÂNCIA DE UM PERÍODO PROPORCIONAL DE TEMPO PARA A APLICAÇÃO DOS MAUS ANTECEDENTES NA PRIMEIRA FASE DA DOSIMETRIA DA PENA COMO FATOR DE OFENSA AOS DIREITOS FUNDAMENTAIS

Ulisses Pessôa[1]

---

[1] Doutor e Mestre em Direito pela UNESA/RJ (Bolsista integral pela CAPES), Professor de Direito Penal e Processo Penal da graduação da UNESA, UNISUAM e da Pós-graduação *Lato Sensu* da UERJ e da FGV-*LAW PROGRAM;* Psicanalista em formação pelo Corpo Freudiano-Escola de Psicanálise; Pesquisador-Coordenador do grupo de pesquisa sociedade Globalizada e Sistema Penal (SGSP); Advogado criminalista; Parecerista, jurista e escritor.

Considerações iniciais

A prática criminal se perfaz, basicamente, por intermédio das ciências criminais. Ou seja, o domínio das ciências criminais é fator primordial para que se perfaça uma defesa salutar e, acima de tudo, devidamente constitucional, vez que as balizas constitucionais precisam ser salvaguardadas para a proteção dos direitos individuais.

Quando se pensa em ciência criminais, deve-se compreender que o direito penal, o processo penal, a criminologia e a política criminal, formam este grande grupo o qual precisa ser compreendido, de tal maneira, que a prática deve seguir todos esses ditames.

Afinal de contas, precisa haver um equilíbrio entre teoria e prática para que a solução referente à proteção dos Direitos fundamentais seja, indubitavelmente, realizada e se demonstre, verdadeiramente, factível ao dia a dia dos pormenores da advocacia criminal.

Contemporaneamente, há uma luta severa para trazer à realidade prática o universo das teorias que, constantemente, são vilipendiadas por aqueles que aplicam a máxima do direito penal na prática.

Não deveria ser assim, pois essa incoerência traz, justamente, uma instabilidade jurídica, pois a prática acaba se tornando distante daquilo que, realmente, é pensado e construído nos laboratórios da academia jurídica. Se isso se faz assim, o direito acaba incorrendo num esvaziamento doutrinário e intelectual, tendo em vista a não utilização destas balizas pelos tribunais de todo o país.

Por exemplo, os princípios que são hauridos do texto da Constituição da República, normas as quais devem ser defendidas e utilizadas em favor dos diversos pacientes tutelados na prática criminal, sofrem, rotineiramente, afrontas à sua utilização.

Com efeito, tem-se que haver uma ressignificação de pensamento acerca das questões que abarcam teoria e prática, sobretudo no sentido de uma dinâmica proporcional e equilibrada quanto ao olhar em relação ao condenado.

É neste sentido que a presente pesquisa busca uma ressignificação da aplicação da pena em relação à primeira fase da dosimetria da pena no que diz respeito aos maus antecedentes.

Até que ponto os maus antecedentes devem ser levados em consideração para o cálculo da dosimetria da pena? Será que é razoável não existir uma limitação temporal para que a condenação anterior seja, evidentemente, caracterizada para efeitos de maus antecedentes?

São perguntas que precisam ser, urgentemente, respondidas para o reconhecimento e proteção dos direitos fundamentais daquele que está sofrendo a pena propriamente dita. Quando da análise da aplicação da pena em concreto, faz-se relevante compreender que julgador deve estar psicologicamente sensível à proporcionalidade da aplicação da pena.

Faz-se importante lembrar que a pena é, verdadeiramente, uma garantia de todo e qualquer cidadão, uma vez que ele precisa entender o porquê do cálculo da pena e de que forma a dosimetria da pena está sendo operacionalizada. Ninguém pode ser punido sem uma fundamentação coerente e constitucional.

Assim, à guisa de entendimento, o presente artigo perpassará pelos seguintes pontos: a primeira seção falará acerca da estrutura da dosimetria da pena; na segunda seção explicará o raciocínio no que tange aos antecedentes; e na terceira seção explanará uma solução para que a análise dos maus antecedentes na primeira fase da dosimetria da pena não vire uma demasiada afronta aos Direitos fundamentais.

É importante lembrar que o presente artigo tem por objetivo reconhecer que a teoria deve estar umbilicalmente ligada à prática de forma equilibrada, sob pena de se ocorrer uma tremenda afronta aos direitos fundamentais e à aplicação da teoria constitucional à prática penal.

O sistema trifásico de aplicação da pena como estrutura de salvaguarda das garantias constitucionais do cidadão

Como já proferido em outrora, a pena é, verdadeiramente, uma garantia do cidadão, de tal magnitude, que qualquer indivíduo deve compreender o detalhamento da sua estrutura e como funciona.

Sabe-se que o *jus puniendi* pertence ao Estado, ou seja, somente ele tem o condão de punir os seus "súditos" dentro da estrita legalidade e, consequentemente, com um viés inteiramente constitucional.

Entretanto, esta punição deve seguir um rito, uma liturgia para que esta força punitiva alcance o indivíduo. Este alcance se dá através da pena a qual deve ser bem projetada para o reconhecimento das balizas constitucionais e a verificação dos direitos fundamentais.

Não se pode olvidar que o Estado é o grande Leviatã, ou seja, o dominador que exerce seu poder sobre os seus súditos ou liderados e, desta forma, demonstra sua força avassaladora sobre aqueles que não o reconhecem (HOBBES, 2015)

Seria uma espécie de gozo sobre a vida alheia, isto é, imprimir seu desejo e satisfação em relação ao corpo do outro, uma concepção lacaniana no tocante à psicanálise (2007, BREUNSTEIN, p. 14).

In Anfang der Genuss (no princípio era o gozo), ou seja, no desenrolar da vida o indivíduo busca gozar sobre a vida alheia como objeto de satisfação do seu desejo que, muitas vezes, se encontra às escuras do inconsciente.

Por isso que, psicanaliticamente, pode-se identificar, metaforicamente, a concepção do gozo do Estado sobre a vida do particular no sentido da demonstração de poder. Assim, a aplicação da pena deve estar pormenorizada dentro de uma estrutura bem definida; e assim o é!

Zaffaroni e Pierangeli (2004) explicam que a individualização da pena se perfaz em três momentos distintos, quais sejam: individualização legislativa, aquela desenvolvida pelo legislador; individualização judicial, ou seja, aquela elaborada pelo juiz na sentença; e a individualização executória, viabilizada no cumprimento da sentença, o momento mais angustiante da sanção penal.

O que importa para a elucidação deste artigo é, justamente, a individualização judicial, pois a estrutura da aplicação da pena se caracteriza quando da elaboração da pena pelo magistrado no caso concreto.

Marques (1999, p. 300) profere que a sentença é, de fato, a individualização concreta do comando definido na norma legal, ou seja, aquilo que se entende por individualização legislativa, ou seja, aquilo que o legislador estabelece como sanção penal.

Com efeito, a aplicação da pena se perfaz através do sistema trifásico ou método Nelson Hungria consubstanciado no artigo 68 do código penal[2], ou seja,

---

[2] Art. 68 - A pena-base será fixada atendendo-se ao critério do art. 59

para que haja a aplicação da pena, tem-se que seguir as três fases de sua aplicação.

Na primeira fase, denominada de pena base, o magistrado fixa a pena base com parâmetro nas circunstâncias judiciais previstas no artigo 59 do compêndio penal[3], culpabilidade, antecedentes, conduta social, personalidade do agente, circunstâncias e consequência do crime, bem como o comportamento da vítima.

Na segunda fase, denominada de pena intermediária, o magistrado considerará as agravantes ínsitas nos artigos 61 e 62 do código penal[4] e as atenuantes previstas nos artigos 65 e 66 também do código penal.

Na terceira fase, denominada de pena definitiva, o magistrado levará em consideração as causas de aumento e diminuição da pena as quais se encontram tanto na parte geral quanto na parte especial do código penal. Ademais, pode-se vislumbrar as

---

deste Código; em seguida serão consideradas as circunstâncias atenuantes e agravantes; por último, as causas de diminuição e de aumento. (Redação dada pela Lei nº 7.209, de 11.7.1984)

[3] Art. 59 - O juiz, atendendo à culpabilidade, aos antecedentes, à conduta social, à personalidade do agente, aos motivos, às circunstâncias e conseqüências do crime, bem como ao comportamento da vítima, estabelecerá, conforme seja necessário e suficiente para reprovação e prevenção do crime: (Redação dada pela Lei nº 7.209, de 11.7.1984)

[4] Art. 61 - São circunstâncias que sempre agravam a pena, quando não constituem ou qualificam o crime:(Redação dada pela Lei nº 7.209, de 11.7.1984); Art. 62 - A pena será ainda agravada em relação ao agente que: (Redação dada pela Lei nº 7.209, de 11.7.1984)

respectivas causas de diminuição e aumento na legislação extravagante.

Conhecer esta estrutura, mesmo que de maneira objetiva, é entender que o Estado deve respeitar a garantia do cidadão de saber como deve ser punido e de que maneira deve ocorrer a aplicação concreta ao caso concreto através do magistrado específico.

Entender o sistema trifásico é saber os limites de atuação da aplicação da pena pelo juiz. Se há uma estrutura a ser reconhecida, isso quer dizer que afrontá-la é não reconhecer os direitos fundamentais de cada cidadão. Destarte, é de fundamental importância o seu reconhecimento.

Este artigo não tem por escopo pormenorizar o sistema trifásico de aplicação da pena, mas sim, demonstrar de maneira pragmática e objetiva como se encontra delineado, nos padrões especificados pelo teor do compêndio penal.

À guisa de compreensão, a próxima seção explicará uma das circunstâncias judiciais previstas no corpo do caput do artigo 59 do código penal, qual seja, os antecedentes.

A falta de limitação de tempo como ofensa aos direitos fundamentais na análise dos antecedentes na primeira fase da aplicação da pena

Na seção anterior, demonstrou-se a importância do sistema trifásico de aplicação da pena como fenômeno de garantia do cidadão que está sofrendo o alcance do *jus puniendi* por parte do poder estatal.

De maneira objetiva, as três fases de aplicação da pena puderam ser explanadas com os respectivos teores para a compreensão da fórmula estabelecida para o magistrado aplicar a pena em concreto.

Nesta segunda seção, a pesquisa estará limitada à primeira fase da aplicação da penal, qual seja, a pena base, mais especificamente no que diz respeito a uma das circunstâncias judiciais fomentadas no corpo do artigo 59 do compêndio penal, neste caso, os antecedentes.

Lembrando o que já fora demonstrado, a pena base se firma no que tange às circunstâncias judiciais do artigo 59 do código penal. As circunstâncias judiciais são, portanto: culpabilidade, antecedentes, conduta social, personalidade do agente, motivos, circunstâncias e consequências do crime, bem como, o comportamento da vítima.

Isso quer dizer que o magistrado partirá da pena em abstrato (aquela prevista no preceito secundário do código penal e estabelecida pelo legislador) para a primeira fase da aplicação da pena.

Vale lembrar, inclusive, que o magistrado estará atrelado aos limites mínimo e máximo da pena em abstrato prevista no preceito secundário, conforme estabelecido no artigo 59, inciso segundo da parte geral do código penal[5].

Assim, o magistrado, quando da elucidação da pena base, deverá perfazer, detalhadamente, a análise de todas as circunstâncias judiciais delimitadas pelo legislador, sempre, com um olhar mais humano e dentro dos ditames constitucionais.

---

[5] Art. 59 - O juiz, atendendo à culpabilidade, aos antecedentes, à conduta social, à personalidade do agente, aos motivos, às circunstâncias e conseqüências do crime, bem como ao comportamento da vítima, estabelecerá, conforme seja necessário e suficiente para reprovação e prevenção do crime: (Redação dada pela Lei nº 7.209, de 11.7.1984) II - a quantidade de pena aplicável, dentro dos limites previstos;(Redação dada pela Lei nº 7.209, de 11.7.1984)

Vale lembrar que, neste caso, é imprescindível o olhar sob a ótica dos princípios limitadores do poder punitivo do Estado. Aqui, torna-se premente a elucidação crítica sob o olhar do princípio da proporcionalidade, traduzindo que a pena deve ser aplicada de maneira proporcional.

Prosseguindo, os antecedentes do agente se caracterizam pela vida pretérita do agente, ou seja, aquilo que ele praticou antes da efetivação do delito sob a análise do magistrado. Evidentemente que os fatos ulteriores não são levados em consideração nesta fase de aplicação da pena.

Bitencourt (2018, p. 825) sinaliza que os antecedentes devem ser considerados como os fatos anteriores, sejam eles bons ou maus. É claro que o relevante será aquilo que for reprovável pela autoridade pública.

Santos (2012, p. 520), por sua vez, enfatiza que os antecedentes são situações anteriores ao fato, relevantes como indicadores positivos ou negativos da vida do agente e que podem influenciar a pena base.

Destarte, vive-se em um Estado Constitucional de Direito em que a presunção de inocência (ou como também preferem denominar, não culpabilidade[6]) deve ser salvaguardada com todas as forças, de tal maneira, que o acusado, até o trânsito em julgado, deve ser declarado presumidamente inocente, sem qualquer sombra de dúvidas.

Nesta máxima, inquéritos policiais em andamento ou já arquivados, de forma alguma podem

---

[6] Existe divergência no campo doutrinário quanto à nomenclatura imposta. Alguns entendem que a Constituição da República Federativa do Brasil adotou o princípio da não culpabilidade, conforme o art. 5., LVII e a Convenção Americana de Direitos Humanos adotou o princípio da presunção de inocência conforme o artigo 8, item II. Preferimos adotar as duas nomenclaturas indistintamente.

ser considerados como maus antecedentes. Igualmente, ações penais em curso ou que já tenham sido encerradas com decisão absolutória, de forma alguma, podem ser consideradas como fatos que caracterizem maus antecedentes.

Neste sentido, os Tribunais superiores têm se manifestado quanto ao assunto. Por exemplo, o Superior Tribunal de Justiça consolidou a tese no verbete sumular 444[7] asseverando que não se pode utilizar inquéritos policiais e ações penais em curso com o objetivo de agravar a pena-base.

O Supremo Tribunal Federal também seguiu a mesma linha de raciocínio através do Recurso Extraordinário com repercussão geral n. 591.05, entendendo que inquéritos e ações penais em curso não podem servis de base na definição dos antecedentes criminais.

Ademais, interessante ressaltar que os atos infracionais e transitórias passagens pela vara da infância e da juventude, da mesma forma, não podem ser considerados para fins de antecedentes criminais na análise da pena-base. O que pode acontecer é que, tais questões, sirvam de análise em outra circunstância judicial, qual seja: personalidade.

Por mais que, em outrora e ao seu tempo, Hungria (1943) entendesse que os processos paralisados por superveniente extinção da punibilidade antes de sentença final irrecorrível, inquéritos policiais arquivados em virtude de causas impeditivas de ação penal, processos em andamento e até mesmo

---

[7] **Súmula 444 -** É vedada a utilização de inquéritos policiais e ações penais em curso para agravar a pena-base. (Súmula 444, TERCEIRA SEÇÃO, julgado em 28/04/2010, DJe 13/05/2010)

absolvições anteriores por deficiência de prova pudessem ser analisados para fins de antecedentes, atualmente, de maneira moderna, torna-se inadmissível tal compreensão.

Se, verdadeiramente, vive-se em um Estado Constitucional de Direito, a presunção de inocência deve ser um legado a ser, constantemente, implementado, sob pena de uma total inconstitucionalidade e de diametral afronta aos direitos fundamentais.

Afinal de contas, considerar-se-ão maus antecedentes tudo aquilo pregressamente analisado pela autoridade pública e que, indubitavelmente, tenha transitado em julgado sob pena de afronta ao princípio da presunção de inocência.

Quanto ao que pode ser considerado como antecedentes para fins de aplicação da pena-base, não há mais problema, tendo em vista as manifestações jurisprudenciais por parte tanto do Supremo Tribunal Federal quanto do Superior Tribunal de Justiça.

O Problema gravita em torno do tempo a ser considerado para fins de análise dos antecedentes para a aplicação da pena-base. Se não há um tempo para análise do que seja antecedentes para fins da primeira fase da aplicação da pena, certamente há uma afronta aos direitos fundamentais, vez que surge para o Estado a possibilidade de aplicação perpétua para o que seja maus antecedentes.

Isso traz uma fragilidade ciclópica para o condenado e, consequentemente, uma instabilidade para o próprio Estado Constitucional de Direito. Não é razoável que, numa concepção de direitos fundamentais, o condenado possa ter sobre si a força estigmatizante e desproporcional do Estado de forma perene. Isso só potencializaria ainda mais o gozo (na visão psicanalítica de Lacan) do Estado sobre os seus liderados/ particulares.

Neste sentido, inexistir uma limitação quanto ao tempo de análise por parte do Estado em relação aos antecedentes do condenado, afronta drasticamente a concepção dos direitos fundamentais. Faz-se necessário, portanto, uma construção jurídica para a proteção e salvaguarda dos direitos do condenado.

Sem sombra de dúvidas, o condenado tem o direito de ser punido proporcionalmente dentro das balizas estruturantes do direito constitucional. Isso quer dizer que o Estado, em hipótese alguma, tem a liberdade de punir o indivíduo de qualquer maneira. Isso só externaliza uma atuação arbitrária hiperbólica.

Dentro de uma perspectiva de garantismo penal, Ferrajoli (2011) evoca a ideia de proporcionalidade dentro do desenvolvimento de todo o processo e isso amalgama, outrossim, a aplicação da pena por parte do magistrado, seguindo tal constância proporcional.

Sem sombra de dúvidas, aplicar o garantismo penal é única e exclusivamente aplicar a lei, aplicar a constituição e esta deve ser a máxima dentro de democracias estabilizadas como a brasileira.

Dito isso, resta claro, nesta pesquisa, que o não reconhecimento de um tempo específico para a análise dos antecedentes na primeira fase da aplicação da pena afronta, drasticamente, os direitos fundamentais.

Resta saber qual construção jurídica deve ser realizada para que os direitos fundamentais não sejam afrontados na análise dos antecedentes quando da aplicação da pena-base.

À guisa de entendimento, a próxima e última seção trará soluções para a problemática do caso resguardando, desta maneira, os direitos fundamentais do condenado e o equilíbrio para o Estado Constitucional de Direito.

Solução para que a análise dos antecedentes na primeira fase de aplicação da pena não fira os direitos fundamentais do condenado

O condenado precisa entender o porquê da pena e da sua aplicação. Afinal de contas, a pena é uma garantia para o cidadão no que diz respeito ao Estado Constitucional de Direito e não pode ser, em hipótese alguma, conduzida de qualquer maneira.

Existem balizas constitucionais para a aplicação de todo o direito e não seria diferente dentro do direito penal e do processo penal, sobretudo, no cálculo para a aplicação da pena. Tudo deve ser devidamente detalhado para a operacionalização do feito.

Desta maneira, o Estado deve conduzir a realização da aplicação de maneira clarificada, seguindo a proporcionalidade no trato para com o sujeito condenado, sob pena de abrupta afronta aos direitos fundamentais. Destarte, o Estado precisa zelar pela proteção destes direitos, já que o olhar constitucional crítico também lhe cabe.

Desta forma, deve existir uma limitação temporal para a condenação pretérita ser considerada para efeitos de maus antecedentes no momento da análise do juiz na primeira fase da aplicação da pena. As condenações anteriores transitadas em julgado não devem ser consideradas de maneira perpétua, pois isso caracteriza, sensivelmente, uma afronta aos direitos fundamentais.

Não há dúvidas em dizer que a falta de limitação de tempo para a análise dos maus antecedentes gera uma instabilidade jurídica, pois eleva sobremaneira a força estatal sobre os corpos dos indivíduos, fragilizando, portanto, o condenado que é a parte mais débil dentro do sistema.

Sistema que, muitas vezes, se projeta para, realmente, fragilizar, ainda mais, aqueles que dependem da justiça e da proteção dos direitos fundamentais. Vale lembrar que o criminoso faz jus a todos os direitos e à proteção constitucional.

Diferentemente do que muitos pensam, a proteção dos Direitos fundamentais não é responsabilidade, única e exclusivamente, do defensor, mas, outrossim, do magistrado, do Ministério Público e de toda a sociedade civil. A justiça e a proteção dos direitos fundamentais se perfazem através de todas as mãos. É de mãos dadas que se reduz a dor, a injustiça e a fragilidade dos mais necessitados.

Por isso, algumas estratégias jurídicas podem ser tomadas para a solução do problema em relação ao tempo de análise dos acontecimentos pretéritos quando da análise do magistrado no tocante aos maus antecedentes na primeira fase da aplicação da penal.

A primeira solução seria a evocação do princípio da proporcionalidade. Não é proporcional a ausência de um tempo para a elucidação dos maus antecedentes. Vale lembrar que no direito constitucional alemão, outorga-se ao princípio da proporcionalidade a qualidade de norma constitucional não escrita (MENDES E BRANCO, 2014, p. 225).

Ademais, o princípio da proporcionalidade traz a faceta da proibição de excesso (*ubermassverbote*) obstando, desta maneira, a hipertrofia do Estado no que diz respeito à aplicação da pena. Isso se aplica, tecnicamente, aos maus antecedentes na primeira fase da aplicação da pena.

Fica claro que, de fato, a proporcionalidade é atacada no tocante à ausência do tempo correspondente à análise. Logo, aplicar o princípio da proporcionalidade seria, verdadeiramente, uma das soluções para o enfrentamento do problema.

Entretanto, o simples fato de tomar o princípio em questão para a solução da temática não resolve o problema. Faz-se premente delimitar um tempo específico para que, na prática penal, a proteção dos direitos fundamentais se torne realidade.

Neste caso, a melhor solução é trazer o raciocínio posto por Amílton Bueno de Carvalho e Salo de Carvalho (2004, p. 52) quando se utilizam da técnica da analogia para aplicar o mesmo prazo da reincidência, previsto no artigo 64 do código penal[8]. Ou seja, o magistrado deverá levar em consideração o prazo de cinco anos contados da prática do delito que está sendo analisado para trás.

Passados os cinco anos, o magistrado não poderá levar em consideração para o cálculo da primeira fase da aplicação da pena, a vida pregressa no tocante aos maus antecedentes.

Os tribunais superiores têm se inclinado para esse tipo de pensamento, visto que não existe um outro parâmetro legal para que seja pensado um lapso temporal proporcional quanto à aplicação da pena.

O Supremo Tribunal Federal, infelizmente,

---

[8] Art. 64 - Para efeito de reincidência: (Redação dada pela Lei nº 7.209, de 11.7.1984) I - não prevalece a condenação anterior, se entre a data do cumprimento ou extinção da pena e a infração posterior tiver decorrido período de tempo superior a 5 (cinco) anos, computado o período de prova da suspensão ou do livramento condicional, se não ocorrer revogação; (Redação dada pela Lei nº 7.209, de 11.7.1984)

entendeu[9] que o instituto dos maus antecedentes não é utilizado para a formação da culpa, mas para subsidiar a discricionariedade do magistrado na fase de dosimetria da pena, quando já houve a condenação.

Diante desta decisão, percebe-se um retrocesso na análise principiológica por parte da suprema corte. Primeiro, a própria proporcionalidade é deixada de lado quando não se busca um prazo razoável para a elucidação. Segundo, pois a própria presunção de inocência está afetada, uma vez que se leva em consideração circunstância que não observa um tempo coerente para a sua análise e, outrossim, que possa ter havido uma transformação de cunho social em relação ao indivíduo.

Por derradeiro, aplicar o princípio da proporcionalidade concomitantemente com a perspectiva analógica dos autores acima, seria a melhor forma de se pensar a proteção dos direitos fundamentais do condenado na primeira fase da aplicação da pena quando da elucidação pelo magistrado no tocante aos maus antecedentes.

Acima de tudo, o olhar humano estará sendo preservado, a empatia executada e a visão ressocializadora, consubstanciada tanto na constituição quanto na lei de execução penal (lei 7.210/84), implementada, veementemente, na prática do dia a dia dos tribunais.

Considerações finais

Não se pode transitar numa ingenuidade

---

[9] O STF entendeu no RE 593818 que, para a análise dos maus antecedentes na primeira fase da dosimetria da pena, não se deve levar em consideração o prazo do art. 64, I do compêndio penal aplicado à reincidência.

patológica no sentido de crer que o Estado quer o melhor, sempre, para os seus súditos. Não se pode acreditar na aplicação prática de um direito penal livre de ofensas aos direitos fundamentais. E isso vale para todas as ciências criminais.

A história do direito brasileiro demonstra que, a todo momento, direitos fundamentais são vilipendiados em razão da atuação desproporcional do Estado em relação aos indivíduos.

Quando se analisa a prática criminal, isso piora, tendo em vista o acusado ser sempre a parte mais débil do processo, quiçá o condenado no momento da aplicação da pena.

Assim, deve haver uma limitação temporal quanto à análise dos maus antecedentes na primeira fase da aplicação da pena e uma interpretação proporcional no sentido de obstar a hipertrofia punitiva do Estado (*ubermassverbote*).

Como afirmado alhures, a tutela dos direitos fundamentais não se dá exclusivamente pelas mãos do defensor. Este, lembre-se, é a parte mais fragilizada da relação processual.

Diferentemente, a proteção dos direitos fundamentais deve se dar a partir de muitas mãos, quais sejam, dos delegados, dos membros do Ministério Público, dos magistrados, desembargadores e Ministros dos tribunais superiores.

Nesse caso, deve haver uma sensibilidade no trato jurídico, de tal magnitude, que o aplicador da lei possa olhar humanamente o outro na relação processual, mesmo que este outro seja o criminoso subversor da sociedade.

Assim, acima de tudo, até para punir deve se respeitar os direitos fundamentais, pois se o responsável pela punição subverte o seu direito de punir é sinal que há um desequilíbrio patológico na perpetração do sistema.

Deste modo, todos devem estar de mãos dadas na proteção dos direitos fundamentais e a sociedade é o principal responsável no impedimento das atrocidades arbitrárias travestidas nas ofensas aos direitos fundamentais.

Referências bibliográficas

BITENCOURT, C. R. **Tratado de Direito Penal: parte geral**, 24. Ed. São Paulo: Saraiva, 2018;

BRAUNSTEIN, N. **Gozo**. São Paulo: Escuta, 2007;

CARVALHO, A. B; CARVALHO, S. **Aplicação da pena e garantismo penal**. 3. Ed. Rio de Janeiro: Lumen Juris, 2004;

FERRAJOLI, L. **Derecho y razón: Teoria del garantismo penal**. Editora Trotta, 2011;

HOBES, T. **Leviatã: ou matéria, forma e poder de um Estado eclesiástico e civil**. São Paulo: EDIPRO, 2015;

HUNGRIA, N. **O arbítrio na medida da pena**, Revista Forense, n. 90/ 12, jan., 1943;

MARQUES, J. F. **Tratado de Direito Penal, v. III**. São Paulo: Millenium, 1999

MENDES, G. F.; BRANCO, P. G. G. **Curso de direito constitucional**. 9. Ed. São Paulo: Saraiva, 2014;

SANTOS, J. C. **Direito Penal – parte geral**. 5. Ed. Florianópolis: Conceito Editorial, 2012;

ZAFFARONI, E. R.; PIERANGELI, J. H. **Manual de Direito Penal brasileiro**. 5. Ed. São Paulo: Revista dos Tribunais.

MATAR OU MORRER: DISCURSOS SOBRE NECROPOLÍTICA NA SEGURANÇA PÚBLICA NO ESTADO DO RIO DE JANEIRO

Rejane Pereira [1]
Ulisses Pessôa [2]

Considerações iniciais

Viver e estar vivo, ainda que redundante possa parecer,

---

[01] Mestranda em Ciências Jurídicas e Sociais, no Programa de Sociologia e Direito pela Universidade Federal Fluminense (UFF); Pós graduanda em Direito Penal e Processo Penal, pela Universidade Estácio de Sá (UNESA); Graduada do Curso de Direito, pelo Centro Universitário Augusto Motta (UNISUAM); Pesquisadora em Direito Penal, Processo Penal e Direito Penal Econômico e Colaboradora na edição e revisão de textos científicos do Grupo de Pesquisa Sociedade Globalizada e Sistema Penal (SGSP); Especialista em Literatura Infantil e Juvenil, pela Universidade Federal do Rio de Janeiro (UFRJ); Graduada em Letras, pela Universidade Estácio de Sá (UNESA); Advogada criminalista; Escritora e Palestrante. contato@rejanepereira.adv.br

[2] Doutor em Direito pela UNESA/RJ (Bolsista integral pela CAPES); Mestre em Direito pela UNESA/RJ (Bolsista integral pela CAPES); Especialista em Direito Penal e Processo Penal; Professor de Direito Penal e Processo Penal da FGV LAW – Program; Professor de Direito Penal e Processo Penal da Escola da Magistratura do Estado do Rio de Janeiro (EMERJ); Professor da Pós-graduação da Universidade Estadual do Rio de Janeiro (UERJ); Professor de Direito Penal da UNISUAM; Coordenador do Grupo de Pesquisa Sociedade Globalizada e Sistema Penal (SGSP); Advogado; Consultor jurídico; pesquisador; palestrante; parecerista. ulissespessoadossantos@gmail.com

significa introjetar e devolver para o mundo experiências, culturas, costumes e sentimentos. No ciclo da vida, o ser vivo "nasce, cresce, reproduz e morre": esse é o lema sobre o qual tem-se expectativa. Biologicamente, esse é o lema pelo qual todo ser vivo passa; contudo, é o ser humano que tem a oportunidade de recriar esse ciclo ao longo da sua trajetória, em especial, no campo do conhecimento.

A depender das escolhas realizadas, o homem tem a oportunidade de criar e se reinventar, influenciando, sobretudo, as pessoas que o cercam. Quando se faz arte, por exemplo, nasce um artista; quando se faz ciência, um cientista; quando se faz o bem, nasce, quase sempre, um altruísta, e por aí vai. O que significa dizer que experiências são introjetadas e crescem quando são devolvidas para o mundo, as quais, ao serem compartilhadas, se reproduzem socialmente.

Em todos esses cenários é possível o nascimento de um líder (locutor) que, a partir de seu discurso (mensagem), pode fazer crescer uma ideologia e, consequentemente, reproduzi-la entre seus adeptos (interlocutores).

O que faz de uma pessoa um líder – seja religioso, intelectual ou político – é a sua capacidade de desenvolver a partir de seus conhecimentos e experiências um discurso para determinados fins, e é o poder retórico desse discurso que faz com que o mesmo se propague ao longo do tempo. Ressalta-se que para todo discurso sempre haverá um interlocutor, ou seja, alguém que interage (argumentando ou contra-argumentando) com a mensagem em meio à comunicação.

De maneira análoga, pode-se inferir, talvez, que sendo uma (re)produção humana (diz aqui "humana" em razão da complexidade da comunicação linguística), o discurso em si tem o potencial da vida: o poder (simbólico) de alterar o próprio ciclo "nascer, crescer, reproduzir e morrer". Podendo este se perpetuar ou ser corrompido, a depender da intenção do "Grande Mensageiro" (locutor) e da interação de seus interlocutores.

Em uma sociedade, um discurso terá a potencialidade de perpetuar o referido ciclo, quando seu objetivo é a proteção da vida: o que num Estado Democrático de Direito faz-se a partir das "garantias fundamentais". Em contrapartida, o ser humano verá corrompido o seu direito de "nascer, crescer, reproduzir e morrer" quando violado o princípio da dignidade da pessoa humana. Ou seja, quando o Grande Mensageiro devolve para o mundo um discurso de ódio, que a partir da interação de seus adeptos, se reproduz como política de morte.

Assim, quando se faz um discurso de ódio, nasce, quase sempre, uma política de morte, contemporaneamente alcunhada de *necropolítica*, a qual tem sido legitimada em razão da soberania do Grande Mensageiro: o Estado.

Linguisticamente falando "viver e estar vivo" em uma mesma frase pode parecer um tanto redundante. No entanto, o que se pretende aqui é a retirada da obviedade desta expressão a partir das seguintes reflexões: socialmente falando, é possível viver em estado de sobrevida? Vive-se mais um dia de vida, ou menos um dia de morte? Quem tem o direito de "estar vivo"? A quem se destina o estatuto de "mortos-vivos"? São estas e muitas outras indagações que podem ser observadas nas experiências contemporâneas de destruição humana.

A partir desse intróito sobre perpetuação da vida e política de morte, o presente artigo vislumbra trazer à baila breves apontamentos sobre a necropolítica tendo como enfoque as atuais estratégias de Segurança Pública do Estado do Rio de Janeiro, haja vista que determinados discursos têm contribuído para a violação do princípio da dignidade da pessoa humana e reforçado a crise dos direitos fundamentais em pleno século XXI.

De Foucault a Mbembe: a relação dicotômica "bio" e "necro" nas mãos do Poder

Cotidianamente, quer seja na literatura – da tragédia à comédia –, quer seja na ciência ou na religião, a temática "vida e morte" sempre foi muito debatida, mas de difícil relacionamento no que tange à sua aceitação, sobretudo, na maneira como a vida termina.

Das poucas coisas que se tem certeza é a chegada do fim desse ciclo, jogando ao acaso, à sorte, ou até mesmo deixando a cargo das forças divinas (respeitando, claro, a crença de cada um) o destino ou *"modus operandi"* acerca da morte. As inquietudes existem, e cada indivíduo lida com a morte de maneira muito particular. É o famoso "faz parte!". O que não "faz parte" é deixar a cargo de alguém, ou melhor, de um ente, ainda que com toda sua soberania, o direito de decidir sobre a operalização do ciclo da vida, quiçá o direito sobre a morte.

Nesse contexto, é importante destacar que Michel Foucault, em sua *Aula de 17 de março de 1976*, constante na obra "Em defesa da sociedade" (1999), realiza um estudo acerca do poder o qual, ao longo dos séculos XVIII e XIX, se aperfeiçoou e se transformou no que o Foucault chama de *tecnologia do poder*.

Inicialmente, é primoroso destacar aqui que Foucault (1999) reforça que no século XVIII, em tempos de guerra das raças, o que se observava era o exercício da tomada de poder sobre o homem enquanto ser vivo. Sob essa perspectiva incidia a *teoria clássica da soberania*, pela qual o soberano ditava o *poder de fazer morrer e deixar viver*. Em outras palavras, o exercício do direito de vida e de morte. Aqui, Foucault (1999) é bem enfático ao salientar que a partir da ótica da teoria clássica da soberania o súdito não tinha o pleno direito de estar vivo, nem mesmo de estar morto. E que o efeito da soberania sobre a vida e morte do indivíduo só se exercia a partir do momento em que o soberano pudesse matar.

Fato é que, segundo Foucault (1999), transformações do direito político ocorreram a partir do século XIX, ensejando num poder exatamente inverso: *o poder de fazer viver e de deixar morrer*. Essa (nova) tecnologia do poder funcionava como uma espécie de gestão da vida, motivo pelo qual Foucault a denomina como *biopolítica* (ou bipoder) da espécie humana.

Segundo as observações de Foucault (1999), diferentemente do exercício do poder de matar típico da teoria clássica da soberania, a biopolítica (bipoder) tem preocupação com a vida e com todos os processos que controlam, por exemplo, os nascimentos e óbitos, a taxa de reprodução, a fecundidade de uma população, etc. Ou seja, uma preocupação não só com os indivíduos, mas com a noção de população, buscando, inclusive, formas para controlá-la e neutralizá-la.

Cabe bem uma contextualização com o que se vive atualmente, ano de 2020, em especial em relação ao enfrentamento de uma pandemia. Pois, diferentemente dos propósitos e preocupações que se diz ter acerca da vida dos indivíduos diante da pandemia do covid-19 nos dias de hoje, nos séculos XVIII e XIX, o enfrentamento das diversas doenças, como epidemias, pestes e afins, não eram encaradas a título de causas morte mais frequentes, mas sim como fatores permanentes: o que significava à época a "subtração de forças, diminuição do tempo de trabalho, baixa de energias, custos econômicos, tanto por causa da produção não realizada quanto dos tratamentos que podem custar" (FOUCAULT, 1999). Em outras palavras, a morte permanente de indivíduos (já sob a noção de população) corroía, diminuía e enfraquecia o sistema.

A biopolítica passou a constituir uma nova tecnologia de poder, pela qual se controlava não mais o individual, mas sim o corpo múltiplo, o corpo de inúmeras cabeças, a população em si. Conforme Foucault (1999), a biopolítica vai se dirigir aos acontecimentos aleatórios que ocorrem na população, pretendendo otimizar um estado de vida através de mecanismos disciplinares para maximizar e extrair forças. Dessa forma, enquanto o poder soberano "fazia morrer e deixava viver", a biopolítica tem como lema o poder que Foucault chama de "regulamentação" e que consiste, em contrapartida, em "fazer viver e deixar morrer".

Sob essa nova perspectiva, eis que Foucault (1999) salienta a seguinte problemática: "o excesso do biopoder". Através do excesso, o biopoder (biopolítica) se torna uma técnica não só de organizar a vida, como também de fazer proliferá-la, capaz de criar, segundo Foucault (1999), algo monstruoso, fabricar, por exemplo, vírus incontroláveis e universalmente destruidores.

Nesse contexto, Foucault (1999) considera que o excesso do poder, ou melhor, o excesso do biopoder se opera através do racismo: uma espécie de mecanismo fundamental de poder para Estado. Para Michel Foucault, o racismo é para o Estado o corte entre o que deve viver e o que deve morrer, justificando, portanto, a distinção das raças (tidas como "inferiores"). Uma maneira de defasar alguns grupos em detrimentos de outros no interior da própria população.

A partir dessa concepção, Foucault explica que o racismo se torna para o Estado uma condição indispensável para poder tirar vidas, para poder, enfim, tirar a vida dos outros. Pois somente assim a "função assassina" do Estado está assegurada, ou seja, "desde que o Estado funcione no modo do biopoder pelo racismo" (FOUCAULT, 1999).

Importante é enfatizar que, segundo a concepção foucaultiana, "tirar a vida de alguém" não se restringe apenas ao ato direto de "assassinato", por assim dizer, podendo ser por vias indiretas. Em outras palavras, "o fato de expor à morte, de multiplicar para alguns o risco da morte ou, pura e simplesmente, a morte política, a expulsão, a rejeição, etc" (FOUCAULT, 1999) tudo isso repercute sobre "tirar a vida", ou deixar morrer.

Noutra ponta, Achille Mbembe (2018), a partir da literatura foucaultiana acerca da gestão da vida, tece sua tese da política de morte: tão debatida atualmente e conhecida como *necropolítica*, pela qual o Estado, mais do que se preocupar em gerir e zelar pelo direito à vida, acaba por reforçar o discurso de ódio, propagando a segregação, a constituição das desigualdades sociais e "legitimando" por meio do racismo a função da morte na economia do poder.

Em seu ensaio "Necropolítica" (2018), Mbembe parte da premissa que é no poder e na capacidade de ditar "quem pode viver e quem deve morrer" que reside a expressão máxima, os limites da soberania. Controlar a mortalidade e definir a vida como a implantação e manifestação do poder são, para Mbembe, os atributos fundamentais do que significa ser soberano. Assim, verifica-se que não há como se falar em necropolítica (necropoder) sem mencionar o conceito de biopolítica (biopoder).

Em contrapartida, consoante Mbembe (2018), a noção de bipoder ainda é insuficiente para dar conta das formas de submissão da vida ao poder da morte que se tem hoje em dia, haja vista que existem meios de subjugar a vida ao poder da morte (determinada por Mbembe como necropolítica), reconfigurando em demasia as relações entre resistência, sacrifício e terror.

Nessa relação entre "bio" e "necro" nas mãos do poder, pode-se depreender, talvez, uma verdadeira dicotomia. Isso porque, na visão foucaultiana, biopoder (biopolítica) se resume no domínio da vida sobre o qual passou a se estabelecer o controle; contudo, é a partir do necropoder (necropolítica) que Mbembe tenta encontrar respostas acerca de quem é o sujeito dessa lei, que dita as condições práticas sobre o poder de matar, deixar viver ou expor à morte.

Mbembe, ao citar Bauman (2001), reitera que diferentemente das ocupações coloniais, as guerras da era da globalização têm objetivos diversos, não incluindo, por exemplo, a conquista, a aquisição e gerência de um território, mas sendo, idealmente, ataques-relâmpago. São guerras que contam com estratégias militares combinadas com a imposição de sanções e resultam na falência do sistema de sobrevivência dos inimigos. Guerras que visam, portanto, a submissão do inimigo, independentemente de consequências imediatas, efeitos secundários e "danos colaterais" das ações militares (MBEMBE, 2018).

Dentre as estratégias das guerras da Era globalizada tem-se, além das operações militares, *o exercício do direito de matar*, que, atualmente, já não se pode mais dizer que é exclusividade dos Estados, nem "mesmo o exército regular" não é mais o único meio de executar tal direito. Funcionando, assim, as milícias urbanas, os exércitos (privados, de senhores regionais ou de Estado) e segurança privada como proclamadores do direito de exercer violência ou matar (MBEMBE, 2000).

Não sendo diferente o Estado, que por si só pode se transformar em uma máquina de guerra, bem como se apropriar ou ajudar a criar uma. Verdadeiras máquinas com pluralidade de funções, dentre elas a *destruição humana*.

"Ágathas" e a falência do Estado na proteção da vida

Frente às máquinas de guerra, as maneiras de matar, segundo Mbembe (2018), não variam muito. Em virtude do extremismo, as técnicas de policiamento e disciplina estão sendo substituídas por alternativas cada vez mais trágicas, se desvelando em *tecnologias de destruição*.

Em relação aos casos de massacres, Mbembe (2018) considera que os corpos sem vida são fácil e rapidamente reduzidos à condição de esqueletos, servindo de espetáculo mórbido diante das vítimas e das demais pessoas a seu redor. Assim, a cada inimigo morto dá-se ao sobrevivente o (pseudo)sentimento de aumento de segurança.

Nesse percurso, Achille Mbembe propõe, portanto, a seguinte reflexão: a morte de um anda de mãos dadas com a morte do outro, o que significa dizer, por analogia, que o homicídio e o suicídio se realizam em um mesmo ato. A partir disso, pode-se inferir que, sob o discurso da sobrevivência de uns em detrimento de outros, ou seja, na escolha de quem deve viver e quem deve morrer, sobretudo na esfera da Segurança Pública, o que se tem é a falência do Estado na proteção da vida.

A destruição do outro, a ditadura da morte, a violação ao

direito à vida é, antes de tudo, a *autodestruição*. Matar, conforme muito bem salienta Mbembe (2018), é querer reduzir o outro e a si mesmo ao estatuto de pedaços inertes; é eliminar a possibilidade de vida para todos.

Um dos vários cenários desse teatro mórbido é a letalidade policial no Estado do Rio de Janeiro, que nos últimos anos vem sofrendo com o aumento sucessivo do número de mortes em razão das operações e intervenções de agentes do Estado. O que pode indicar, conforme destaca o Centro de Pesquisa do Ministério Público do Estado do Rio de Janeiro (CENPE MPRJ), que o uso da força pelas polícias de Estado está em dissonância com os parâmetros condicionados por princípios técnicos e normativos, nacionais e internacionais. Dentre eles, no Brasil, a Portaria Interministerial nº. 4.226/2010 que estabelece como diretrizes para o uso da força pelas polícias: *a obediência dos agentes de Estado aos princípios da legalidade, necessidade, proporcionalidade, moderação e conveniência no exercício da atividade estatal.*

De acordo com o CENPE MPRJ (2019), no ano de 2019, o Estado do Rio de Janeiro chegou a totalizar em seus oito primeiros meses 1.249 mortes provocadas por intervenção de agentes do Estado, representando um aumento de 16% em relação ao mesmo período do ano anterior – que registrou 1.075 mortes. Segundo o Centro de Pesquisa, desde 2013, os dados apresentam uma tendência de crescimento no que tange ao número de mortes produzidas por forças de segurança no Rio de Janeiro, cujo ritmo se acelerou principalmente a partir de 2016.

Nesse diapasão, a partir da observância da série histórica mensal desde 2015 das mortes por intervenção de agentes do Estado elaborado pelo CENPE MPRJ (2019) com base em informações do ISP-RJ, verifica-se um padrão da letalidade policial no Rio de Janeiro, a qual vem subindo nesse percurso de tempo. "A média mensal do número de mortes por intervenção de agentes do Estado em 2015 foi de 54. Em 2018 foi de 128. Em 2019, entre janeiro e agosto, a média no Rio alcançou o número de 156 vítimas por mês." (CENPE MPRJ, 2019).

Em relação a taxa de mortes violentas intencionais e mortes por intervenção de agentes do Estado, em específico no ano de 2018, verifica-se que, muito embora não esteja entre os dez estados do país mais violentos, o Rio de Janeiro possui a polícia mais letal do Brasil, com uma taxa de morte violenta de "8,9 por 100 mil habitantes e com um quantitativo que corresponde a 23% do total da letalidade policial no Brasil" (CENPE MPRJ, 2019), se aproximando à taxa total de São Paulo, que marca de 9,5 por 100 mil habitantes. Sendo o padrão no uso da força pelos agentes policiais no Estado do Rio de Janeiro muitas vezes atribuído ao perfil da criminalidade local, sob a "justificativa" de que seria uma área excessivamente violenta e armada.

O Centro de Pesquisa do Ministério Público do Estado do Rio de Janeiro apresenta, também, em seu relatório de 2019 que quanto mais frequentes são as atuações policiais centradas no confronto, ou seja, baseada no enfrentamento armado a criminosos, maiores são os riscos de vitimização de inocentes, afetando, inclusive, a provisão de serviços públicos. Como, por exemplo, atividades suspensas em escolas e ausência de funcionamento de unidades de Saúde.

Assim, pessoas que não têm relação com o conflito sofrem iminente risco de morte e se veem substancialmente prejudicadas pela convivência dos episódios armados, como é o caso de crianças que sofrem com a redução no aprendizado escolar em virtude do aumento de tiroteios no Estado do Rio de Janeiro. É clarividente que quanto maior for a proximidade das escolas com áreas de risco e em função da intensidade e duração dos confrontos armados maior é o impacto social, afetando diretamente a rotina das crianças e adolescentes e das próprias escolas, pois "aumentam a rotatividade dos diretores, o percentual de faltas dos professores e a probabilidade das escolas interromperem as aulas durante o ano letivo" (CENPE MPRJ, 2019).

Segundo os resultados coletados pelo instituto, o que se observa é que a letalidade no Estado do Rio Janeiro irradia seus efeitos, atingindo pessoas que estão para fora das práticas criminais, mas presas a condições sociais adversas. Quase sempre marcadas pelo racismo, pela segregação, pela desigualdade social; quase sempre moradores de favelas e bairros onde a máquina de guerra é operante.

Em razão dessa máquina de guerra, da soberania do necropoder, perde-se muitas "Ágathas" e muitos "Joões Pedro", todos baleados e mortos durante as intervenções das guerras globalizadas, como muito tem sido demonstrado nos noticiários. E o que eles têm em comum? São todos alvos da falência do Estado, por onde se esvai a proteção da vida, ensejando, portanto, a crise dos direitos fundamentais.

Efeitos dos discursos de ódio em prol da Segurança Pública

Pensar em crise dos direitos fundamentais frente aos discursos em prol da Segurança Pública desemboca, talvez, no seguinte paradoxo: "destruir vidas para salvar vidas (?)". Parece não fazer muito sentido que para proteção da dignidade humana, do direito à vida, seja "necessário" a destruição (máxima) de pessoas. Pois, conforme mencionado anteriormente, ditar a política de morte de alguns (que, na verdade, já não são poucos) para a proteção da vida de outros significa eliminar a possibilidade de vida para todos (MBEMBE, 2018).

Além do paradoxo da proteção/destruição da vida humana ditada pelo necropoder, as favelas que circundam o Estado do Rio de Janeiro ainda sofrem com a estigmatização e a segregação social, carregando marcas das desigualdades socioeconômicas e rótulos de "áreas de retenção de pessoas criminosas". Sendo a grande maioria de seus moradores reféns da criminalidade e do medo brutal, tendo que sobreviver dia após dia não só aos frequentes confrontos armados e ao descaso dos agentes públicos do Estado, como também as constantes violações de seus direitos.

Constantes gritos de socorro que ecoam em meios de violência silenciosa, a qual se dá em nome da Segurança Pública.

Através de discursos em prol da Segurança Pública, em prol do controle social e da sensação de combate à impunidade, acaba se fomentando, na verdade, coações a partir do medo, do aumento do isolamento social e do distanciamento de provisão de serviços públicos, como Educação, Saúde, Saneamento Básico e a própria Segurança – haja vista que a legitimação da violência estatal reforça a propagação da criminalidade e da mitigação de vidas, sendo muitas delas de pessoas inocentes.

O uso de ações letais na área de Segurança Pública, quando desmedido e frequente, além de configurar um problema de estratégia do Estado, enseja no objeto que ele próprio deve combater: a criminalidade (CENPE MPRJ, 2019). Discursos de ódios considerando como estratégia, por exemplo, que o correto seria matar aquele que, rotulado como bandido/criminoso, estiver com fuzil, para assim não ter erro quanto à redução da criminalidade é a legítima necropolítica transvestida em Política Criminal falaciosa.

São, segundo Mbembe (2018), ataques-relâmpagos; o genocídio contemporâneo da população negra a partir da política de embranquecimento. Corpos que, frente aos discursos de ódio do Estado, são destituídos de valor e de direitos. Corpos que compõem "mundos de morte" e que foram submetidos a condições de vida na qualidade de "mortos vivos" (MBEMBE, 2018).

São ataques decisivos do Estado, que com toda sua soberania não dão quaisquer possibilidades de fuga ou defesa aos corpos marcados pelo racismo, exigindo a submissão de "pobres, pretos e pardos" em troca da vida. Xeque mate! É o terror semeado entre os moradores das favelas *versus* a lúdica segurança do asfalto.

Considerações finais

Por todas as reflexões que se objetivou permear a literatura deste artigo acerca da necropolítica, em especial, no âmbito da Segurança Pública do Estado do Rio de Janeiro, depreende-se o quão necessário é voltar o olhar para o desenvolvimento e manutenção das garantias dos direitos fundamentais dos cidadãos, independentemente de cor, etnia, gênero e classe social.

Faz-se necessário dar vez e voz aos movimentos que clamam pela dignidade humana, pelo direito de estar vivo, pois nenhuma vida deve ser considerada melhor ou pior que outra. Todas as vidas importam, sendo de suma magnitude a persistência no combate ao Estado ditador da destruição máxima de pessoas e que impõe o "estatuto de mortos-vivos". Pois enquanto os discursos políticos oferecerem como alternativas "matar ou morrer", mais envolto em meio à crise permanecerão os direitos fundamentais. Num ciclo corrompido, cujas vidas continuarão sendo digeridas em detrimento do exercício de um poder soberano, assassino e racista.

Referências bibliográficas

AGAMBEN, G. **Estado de exceção**. Tradução de Iraci D. Poleti. 1.

ed. São Paulo: Boitempo, 2004.

BAUMAN, Z. **Wars of the Globalization Era:** European Journal of Social Theory. v.4, n.1. 2001.

BOURDIEU, P. **O poder Simbólico.** Capítulo I. Sobre o poder simbólico. Rio de Janeiro: Bertrand Brasil, 1998, pp. 7-16.

CENPE MPRJ - Centro de Pesquisas - Ministério Público do Estado do Rio de Janeiro. **Letalidade no Rio de Janeiro em 10 pontos.** *Disponível em:* http://www.mprj.mp.br/documents/20184/540394/letalidade_p olicial_no_rio_de_janeiro_em_10_pontos_1.pdf . Pesquisa publicada em setembro de 2019. Acesso em 14 de ago de 2020.

FOUCAULT, M. **A Microfísica do Poder.** Rio de Janeiro: Graal, 1979.

___________. **Em defesa da sociedade**. Tradução de Maria Ermantina Galvão. São Paulo: Editora Martins Fontes, 1999.

___________. **Nascimento da biopolítica:** curso dado no Collège de France (1978-1979). Trad. Eduardo Brandão. São Paulo: Martins Fontes, 2008.

___________. **Vigiar e Punir:** o nascimento da prisão. Tradução de Raquel Ramalhete. 17ª edição. Petrópolis: Vozes, 2014.

MBEMBE, A. **At the edge of the world:** boundaries, territoriality and sovereignty in Africa. Public Culture, n. 12. 2000.

___________. **Necropolítica**: biopoder, soberania, estado de exceção, política da morte. Traduzido por Renata Santini. São Paulo: n-1 edições, 2018a.

OLIVEIRA, M. F.; REZENDE, R. A. S. S.; BICALHO, P. P. G. **Direitos humanos, segurança pública e a produção do medo na contemporaneidade.** IN: Cadernos Brasileiros de Saúde Mental, ISSN 1984-2147, Florianópolis, v.10, n.25, p.118-140, 2018

O DIREITO PENAL SIMBÓLICO COMO FENÔMENO DE FRAGILIZAÇÃO DO BEM JURÍDICO E DE FLEXIBILIZAÇÃO DOS DIREITOS FUNDAMENTAIS

Débora de Mattos Teixeira[1]
Ulisses Pessôa[2]

Considerações iniciais

O presente trabalho busca analisar, de maneira crítica, o

---

[1] Graduanda em Direito pelo Centro Universitário Augusto Motta; Pesquisadora vinculada ao grupo de pesquisa Sociedade Globalizada e Sistema Penal (SGSP).

[2] Doutor em Direito pela UNESA/RJ (Bolsista integral pela CAPES); Mestre em Direito pela UNESA/RJ (Bolsista integral pela CAPES); Especialista em Direito Penal e Processo Penal; Professor de Direito Penal e Processo Penal da FGV LAW – Program; Professor de Direito Penal e Processo Penal da Escola da Magistratura do Estado do Rio de Janeiro (EMERJ); Professor da Pós-graduação da Universidade Estadual do Rio de Janeiro (UERJ); Professor de Direito Penal da graduação da UNESA e UNISUAM; Coordenador do Grupo de Pesquisa Sociedade Globalizada e Sistema Penal (SGSP);Psicanalista em formação pelo Corpo Freudiano – Escola de Psicanálise; Advogado criminalista; e-mail: ulissespessoadossantos@gmail.com

fenômeno do Direito Penal simbólico, como o mesmo se apresenta na sociedade nos dias atuais, bem como, quais fatores contribuem para a sua subsistência. Na sociedade pós-moderna, a complexidade das relações que se estabelecem e de bens jurídico emergentes, impulsiona a necessidade de sentir-se seguro e protegido.

A sociedade do risco é trabalhada dentro de um contexto tecnológico em que surgem possibilidades cada vez maiores, em razão dessa instabilidade social, que produz o temor e reverbera na produção de leis, como forma de controlar as ofensas que possam se apresentar, o que muitas vezes resulta em abstrações, que são produzidas para demonstrarem uma efetividade aos olhos da sociedade, o que ao longo prazo não é constatado pelos próprios dados criminológicos.

A crença de que Direito Penal é a única e exclusiva garantia de estabilidade social é reforçada pela mídia sensacionalista, e se torna cada vez mais latente no inconsciente dos cidadãos. O que se espera é que o Direito Penal se mostre cada vez mais repressivo nesse contexto, implacável e inflexível quanto à sua forma de combater os delitos. A pena é vista como uma forma de retribuição pelo mal causado, o que remonta a épocas passadas em que as penas eram tidas como espetáculos oferecidos.

Por meio do clamor social, as leis penais tem se transformado em verdadeiros arsenais que ferem as garantias fundamentais, pois o legislador ao tipificar condutas, ou agravar as penas já existentes, compelido pelo clamor social, intenta demonstrar a efetividade da intervenção estatal, ainda que, para isso, tenha que ultrapassar princípios da política criminal em um Estado Democrático de Direito, protegendo símbolos e transgredindo as barreiras da legitimidade.

O que se constata é que as referidas leis produzidas nesse contexto não possuem efetividade, mas apenas aparentam possuí-la, e que a certeza de uma pena moderada traria
maior segurança, o que não ocorre com penas cada vez mais duras, mas que muitas vezes não são aplicadas.

Nessa realidade fática, o arbítrio do legislador se encontra cada vez mais latente, em direção a uma punição desmedida e ilegítima, reforçando a ideia de um Direito penal do inimigo, em que o cidadão que infringe a lei deve ser excluído por representar um risco a toda a sociedade, neutralizando as garantias constitucionais e perdurando a inflação legislativa que já se observa desde as décadas passadas.

O conceito de bem jurídico na visão de Claus Roxin

Os bens jurídicos que recebem amparo penal são considerados relevantes e essenciais, e merecem a tutela, por proporcionarem à sociedade uma subsistência livre, justa e harmônica.

Entender o conceito de bem penalmente relevante é importante, para que seja possível estabelecer quais bens jurídicos serão ou não alcançados, uma vez que o princípio da intervenção mínima constitui o Direito Penal como *ultima ratio*, como razão máxima de proteção, e que a criminalização de uma conduta só se justifica quando única forma de proteção contra ataques ou agressões drásticas a bens jurídicos fundamentais, visto que essa tutela não possa ser obtida por outros meios de controle social, menos prejudiciais a liberdade individual e com conseqüências menos extremas de domínio.

Tudo isso é trabalhado dentro dos preceitos do funcionalismo teleológico-racional de Roxin, e segundo ele, o Direito Penal deve preocupar-se de assegurar uma coexistência harmônica, interferindo o mínimo possível na liberdade dos indivíduos.

A tese sustentada por Roxin (2009, p.18) é de que o Direito Penal deve perseguir o fim de garantir aos cidadãos uma coexistência livre e pacífica, sob o prisma dos Direitos Humanos, para a proteção efetiva de bens jurídicos, por meio das normais jurídico-penais. Os bens jurídicos são aqueles interesses imprescindíveis ao bem estar social, não devem se basear em abstrações, princípios morais ou dogmas religiosos, mas possuírem realidade concreta e necessária à harmonia da sociedade.

Roxin (2009, p.18-19) ressalta ainda que bens jurídicos são circunstâncias reais dadas, ou finalidades necessárias para uma vida segura e livre, sob o prisma dos direitos humanos, ou para desempenho de um conjunto de elementos estatais que se baseei em proporcionar tais aspectos à sociedade.

Dada a importância da conceituação e compreensão de bens jurídicos como objeto de normas penais, cumpre apresentar suas categorias, a fim de elucidá-las e explicitar onde surgem, ou ainda podem surgir em razão da mutação da sociedade contemporânea.

Para que se alcance essa garantia, é necessária a proteção de condições individuais, como a vida, a liberdade e a propriedade. Nas trilhas do mundo moderno e globalizado, perfaz-se a necessidade de resguardar bens jurídicos que atinjam diretamente a coletividade, sob a nova perspectiva em relação a interesses estritamente individuais, quais sejam, interesses difusos pertencentes a uma nova classe de pessoas sob o mesmo contexto fático, os denominados bens jurídicos supraindividuais, que possuem maior abrangência em virtude de seu caráter de generalidade.

Como pondera Pessôa (2018, p.107) o bem jurídico supraindividual encontra-se em um contexto econômico, em que a coletividade sofre em razão dos males oriundos do alto escalão social, que fomentam a criminalidade no âmbito da economia, pois ainda que não desejem de maneira direta atingir a vida das pessoas, isso ocorre em razão da corrupção, muitas vezes presente na administração pública.

Tais bens comportam maior abrangência, já que estão ligados a gestão do Estado para a promoção das liberdades individuais e demais garantias que tenham por escopo o bem estar social. Como exemplo tem-se a administração da justiça, o meio ambiente e o sistema tributário.

Abrangendo nova visão, Pessôa (2018, p.108) descreve de forma inédita os bens jurídicos meta transcendentes em uma terceira esfera de conceituação, sendo aqueles que transcendem gerações, onde se torna possível sob essa perspectiva, que um bem jurídico ofendido hoje, continue causando danos às gerações futuras. O autor ressalta como exemplo de bem jurídico meta transcendente os animais, pois a ofensa aos mesmos reverbera em problemas futuros, e isso se demonstra pelo fato de existir a possibilidade de espécies que já foram extintas, caso não o fossem, auxiliarem no desenvolvimento humano.

Os critérios delimitadores do bem jurídico buscam restringir o alcance do *Ius Puniendi* estatal, delimitando a abrangência das normas jurídico-penais a interesses concretos, visto que o objetivo é proporcionar maior segurança e liberdade, possibilitando o caráter subsidiário que o Direito Penal possui.

Como preceitua Bittencourt (2017, p.44) o caráter do Direito penal está intimamente ligado ao contexto político, segundo o qual o Estado soberano se relaciona com seus súditos e exerce seu poder sobre eles, e de acordo com o contexto de um Estado Democrático de Direito, esse poder deve ser limitado e legitimado por meio do consenso entre os cidadãos, que pactuaram através da ideia de contrato social.

A função precípua do Direito penal é limitar o poder punitivo estatal e, para que isso seja possível, é preciso que se analisem os princípios limitadores, bem como o conceito de bem jurídico.

Direito penal simbólico no contexto social

Os denominados tipos penais simbólicos são aqueles que não visam assegurar uma convivência livre e pacífica entre os cidadãos, mas apresentam-se como resposta ao clamor social e protegem um suposto apaziguamento, que se mantém no plano simbólico e não perseguem um fim legítimo que esteja de acordo com o caráter do Direito Penal.

Claus Roxin (2004, p.24) entende como tipos penais simbólicos as leis que não buscam a pacificação social, mas ao contrário, intentam fins fora do Direito Penal, como a tranqüilidade do eleitor ou uma demonstração eficiente do Estado.

Esse fenômeno está relacionado à visão que muitos possuem a respeito do caráter do Direito Penal, crendo que o mesmo deve se mostrar cada vez mais repressivo, para que a pacificação social que se almeja seja alcançada. Contudo, em muitos casos, o legislador ao tipificar os crimes de maneira simbólica acaba por agir arbitrariamente e mitigar os Direitos Fundamentais, criando cada vez mais, normas inconstitucionais.

Nessas circunstâncias, a base subsidiaria do Direito penal cede lugar ao Direito Penal como sola ratio ou prima ratio, ou seja, a solução primordial para todos os problemas que nascem das relações sociais, e por meio desse ciclo, acabam por pressionar o legislador a tipificar condutas que geram as leis simbólicas.

Segundo o entendimento de Prado (2014, p.115) o princípio da intervenção mínima, que está intrinsecamente ligado a política criminal, estabelece que o Direito Penal só deve atuar na tutela de bens jurídicos essenciais à subsistência da coletividade, pois suas conseqüências gravosas, como o cerceamento da liberdade dos cidadãos atingem também suas garantias, e o bem que se busca com a pena, deve ser superior ao mal que eventualmente tenha sido causado.

Como preleciona Mezger (1946, p.27), o Direito penal é um conjunto de normas jurídicas que regulamentam a atividade do poder punitivo do Estado, conferindo ao delito com pressuposto e pena, como conseqüência. A relação entre o autor do delito e a vítima é secundária, uma vez que o Estado é o único detentor do *Ius Puniendie* e o *persecutio criminis* só poder ser legitimamente desempenhado de acordo com as regras estabelecidas.

A partir desse poder punitivo, o papel crucial do Direito Penal é estabelecer limites a partir de seus princípios, para que se possa garantir que não serão cometidas arbitrariedades. Tais princípios são reconhecidos por nossa Carta Magna, concedendo ao Direito Penal um caráter diferente do atroz e desumano que imperava durante o Estado absolutista.

Morais (2000, p.46) afirma que esses princípios são garantias concedidas aos cidadãos e estão localizados já no preâmbulo da Constituição, onde já se encontram princípios como a liberdade, igualdade e justiça, e que inspiram todo o sistema normativo, orientando também a interpretação de normas infraconstitucionais.

Especificamente no artigo 5º da Constituição, onde é possível encontrar as cláusulas pétreas que não podem ser suprimidas, exceto de forma a ampliá-las, deparam-se princípios específicos em matéria penal cujo derivam os demais, como o princípio da legalidade, culpabilidade e o da intervenção mínima, tendo função primordial, pois conduzem o legislador a adoção de um controle social por meio de leis voltadas aos Direitos Humanos, que possuem caráter universal.

Dessa forma, o direito de punir que será exercido pelo Estado e instrumentalizado por meio de leis, não fica à mercê da discricionariedade do legislador, por isso, o mesmo deverá atentar-se aos princípios limitadores convencionados, para que se alcance uma punibilidade fundamentava nos preceitos do contexto de Estado democrático de direito.

A finalidade do Direito Penal simbólico e sua aplicação na sociedade

O Estado tem buscando combater a constante guerra contra a criminalidade através da utilização do Direito Penal simbólico, em razão da pressão exercida pela sociedade por meio de seu clamor, para satisfação de um sentimento de ''justiça''. O que se busca é desenvolver os sentimentos de tranqüilidade e proteção, que ilusoriamente permeiam os inconscientes. O legislador ao utilizar-se de normais penais para atender a esse constante clamor, ignora muitas vezes as garantias do cidadão e flexibiliza os Direitos Fundamentais e garantias Constitucionais.

Símbolos representam um significado além do que está manifesto, detém também significado intrínseco, que está diretamente aliado a costumes de determinada sociedade, fazendo automaticamente uma alusão de sentido, que pode variar de acordo com as diferentes culturas.

O funcionalismo sistêmico de Jakobs reforça ainda mais a criação de leis penais simbólicas, à medida que defende que a função do Direito Penal não é a defesa de bens jurídicos, mas sim a confirmação da eficácia da própria norma. Portanto, quando a conduta do agente se amolda ao tipo, ele contraria a norma, e a aplicação da pena seria uma forma de contrariar a conduta de oposição do agente e reafirmar a eficácia da norma penal.

Esse funcionalismo contribui para eventuais excessos por parte do legislador, ao não delimitar o alcance da punibilidade, pois o conceito de bem jurídico contribui para a limitação do poder punitivo estatal, demarcando a legitimidade do que deve ou não ser abarcado, como atribuição do Direito Penal em um Estado democrático de Direito.

O que se busca através disso é o enfrentamento da criminalidade a qualquer custo, muito semelhante do Direito Penal de emergência, presente em situações extremas, em que se espera uma resposta rápida por parte das autoridades, que surgirá de onde a sociedade insegura acredita ser a fonte para solucionar todos os problemas sociais, o Direito Penal. Mais uma vez, o legislador, ao atuar sob o clamor social, deseja demonstrar sua eficiência, mesmo que apenas de forma utópica, transpondo barreiras das garantias individuais.

Outro fator que contribui para essa criação é o que o sociólogo alemão Ulrick Beck (2017) chama de ''sociedade de risco'', que propõe demonstrar a constante mutabilidade da modernidade reflexiva, a transformação na maneira como organizam suas relações sociais, suas incertezas e seu temor pelo futuro, o que gera uma sociedade insegura e instável que anseia por segurança, ou pelo menos, pelo sentimento de segurança.

Essa insegurança, presente da sociedade de risco, demonstra-se em uma visão exacerbada da realidade, que se desenvolve subliminarmente na mente dos cidadãos, e é aperfeiçoada pela mídia, que muitas vezes atua como um mecanismo de propagação de desinformação e amedrontamento.

Com efeito, a incessante luta contra os riscos que possam surgir, torna viável a criação de abstrações, com a finalidade de torná-las um bem jurídico, justamente pelo anseio em prevenir riscos indeterminados que possam eventualmente surgir.

A figura do conhecido crime de perigo abstrato é ainda hoje discutida, uma vez que a impossibilidade de seu objeto torna impossível a delimitação de um bem jurídico penalmente relevante. Como preleciona Grecco (2017, p.201) a simples presunção de perigo diante do comportamento comissivo ou omissivo não poderá conduzi-lo a uma condenação penal. É necessário evidenciar a efetiva colocação em perigo do bem juridicamente tutelado, que leve em consideração a prova aplicada a cada caso concreto.

A mídia tem papel essencial no processo de fomentar o temor social, pois a alienação que é capaz de produzir ocasiona a sensação de que, a cada dia os riscos se tornam maiores, e que a criminalidade cresce a cada instante, o que na maioria das vezes não é comprovado pelos estudos e dados científicos sobre o tema.

A partir dessa insegurança e da pressão midiática, o legislador acaba por transpassar as barreiras dos Direitos Individuais elencados por nossa Constituição, onde o que ocorre é a aceleração do processo legislativo, para que se possa de alguma forma minimizar o clamor social.

Além do espetáculo midiático que deturpa a essência e finalidade das normas penais, houve também a politização do Direito Penal, também manuseado com teor eleitoreiro que busca exprimir suposta idoneidade do representante escolhido e em como existe seu emprenho para atender ''a voz do povo''

Como referenciado anteriormente, o Direito Penal atua na proteção de bens jurídicos penalmente relevantes, propondo-se a reprimir lesão ou perigo de lesão a esses bens, e os símbolos que aqui se apresentam excedem essa teoria, à medida que revelam uma percepção agravada e distorcida da realidade.

A efetividade que simbolicamente desejam trazer é utópica, pois o rigor da pena não contribui para a repressão da criminalidade, mas sim a certeza de que a pena será realmente aplicada, pois a sensação de impunidade é o que se constata.

As balizas inconstitucionais que se notam, demonstram o que Jakobs (2008) chamou de Direito Penal do inimigo, pois ao enxergar que o agente que viola a lei é um inimigo potencial, o mesmo não teria acesso às garantias, o que torna possível a flexibilização dos Direito Fundamentais. O fenômeno descrito estabelece uma ''divisão'' entre os cidadãos, onde apenas um grupo merece a proteção por parte do Estado.

A título de exemplo, a lei 8.072/90 (Lei de crimes hediondos) originou-se historicamente do clamor social, fomentado pela repercussão midiática, diante do crescente aumento de crimes com maior potencial ofensivos à época, que causavam maior repúdio social e que geraram pânico.

A figura do crime hediondo é criada pela própria Constituição, em seu artigo 5º, inciso XLIII[3]. Dessa forma, é necessário que se estabeleçam quais delitos serão considerados hediondos, em virtude do tratamento mais rigoroso que recebe da própria norma constitucional.

O legislador impulsionado pela manifestação popular, rapidamente promulgou o referido diploma legal, que já nasceu com balizas inconstitucionais ao fixar em seu antigo artigo 2º, §1º que a pena dos crimes hediondos e equiparados deveria ser cumprida em regime integramente fechado. Está claro que ao impedir o sistema progressivo na fase de execução, o referido artigo fere o princípio da individualização da pena, presente na própria Constituição em seu artigo 5º, inciso XLVI[4].

Não obstante, ainda que haja ressalva em relação a não possibilidade de fiança, graça ou anistia, o texto Constitucional não veda a progressão de regime e ao legislador não é facultado suprimir

---

[3] XLIII - a lei considerará crimes inafiançáveis e insuscetíveis de graça ou anistia a prática da tortura , o tráfico ilícito de entorpecentes e drogas afins, o terrorismo e os definidos como crimes hediondos, por eles respondendo os mandantes, os executores e os que, podendo evitá-los, se omitirem;

[4] XLIV - constitui crime inafiançável e imprescritível a ação de grupos armados, civis ou militares, contra a ordem constitucional e o Estado Democrático

garantias asseguradas pela própria Constituição.

Posteriormente, o Supremo Tribunal Federal editou a súmula vinculante número 26, in verbis:

> '' Para efeito de progressão de regime no cumprimento de pena por crime hediondo, ou equiparado, o juízo da execução observará a inconstitucionalidade do art. 2º da Lei n. 8.072, de 25 de julho de 1990, sem prejuízo de avaliar se o condenado preenche, ou não, os requisitos objetivos e subjetivos do benefício, podendo determinar, para tal fim, de modo fundamentado, a realização de exame criminológico.''

Os direitos e garantias fundamentais possuem caráter universal e se destinam a todos indiscriminadamente. Dirigem-se então, ao cidadão em abstrato, em razão de sua natureza humana, e são asseverados já a partir do preâmbulo da Constituição.

Branco (2014) ensina que os direitos fundamentais assumem lugar permanente na sociedade quando se apresenta uma inversão da tradicional visão da relação do Estado e cidadão, onde passa a se reconhecer que o indivíduo possui, em primeiro lugar, direitos e posteriormente obrigações perante aquele. A partir desse panorama, os direitos que o Estado possui frente aos indivíduos objetivam cuidar de suas necessidades.

No âmbito de classificação dos direitos fundamentais, Branco (2014) afirma que existem significativas diferenças entre direitos e garantias. Determinados direitos têm como objeto a proteção de um bem especificamente em relação a um cidadão, como a vida, a liberdade ou a honra, enquanto outras normas asseguram direitos indiretamente, limitando através de procedimentos o exercício do poder, sendo normas que dão origem as denominadas garantias fundamentais.

A despeito de estarem em maior destaque e quantidade presentes no artigo 5º da Constituição, podem ser encontrados ao longo de todo texto de nossa carta magna, sendo esse rol meramente exemplificativo.

A ideia que se pode extrair é que dentro dessa perspectiva, o Estado é devedor de tais garantias, enquanto os indivíduos que dele fazem parte são credores. Tais direitos são instrumentos de proteção diante de atividade estatal e se relacionam ao princípio da dignidade humana, que é basilar de todos os outros, de onde irradiam os demais.

As leis simbólicas afrontam tais direitos por meio de sua flexibilização, negligenciando os indivíduos que serão afetados drasticamente por meio de uma intervenção por via legislativa de forma abrupta, em virtude do clamor social que ecoa por suposta proteção e punição a qualquer preço, daqueles que são vistos como inimigos e maquiados dessa forma pela mídia, banalizando o caráter do Direito Penal, sua subsidiariedade, bem como sua característica fragmentária.

Considerações finais

A partir das análises sobre o tema, é possível notar que o Direito Penal simbólico é utilizado como uma forma de resposta à sociedade, trazendo um discurso de eficiência, o que na prática, gera a inflação legislativa e acaba por deturpar o real caráter que o mesmo possui, como defensor subsidiário de bens jurídicos essenciais.

A criação constante de novas leis penais não demonstra a efetividade que se almeja, mas apresenta a falta de preparo do legislador, que ignora os limites que lhe são impostos, transgredindo as garantias dos indivíduos, uma vez que se mostra mais preocupado em parecer competente em suas atribuições, do que atuar legitimamente, o que se fomenta através da atuação de um personagem essencial, a mídia.

As notícias tendenciosas e escolhidas, na maioria das vezes, para despertar as sensações mais profundas, mais especificamente o medo e disseminar o caos, projetam falsas percepções na sociedade, que psicologicamente encontram-se apreensivas e enxergam o Direito Penal como instrumento de pacificação social e repressor de condutas indesejadas, bem como o bravo solucionador de absolutamente todos os problemas sociais.

Os riscos que se têm vivenciado tornam-se mais assombrosos, mesmo que na realidade isso não ocorra, todo processo de insegurança foge ao campo da própria razão. A manipulação da realidade é despercebida e vivida com maior intensidade e ímpeto.

O Direito Penal simbólico é desproporcional e incongruente, o que não condiz com o caráter democrático que deveria desempenhar. As garantias fundamentais são suprimidas dentro desse processo, mas o que se busca é parecer eficiente, e não realmente ser, mesmo que isso represente um retrocesso. Ao transformar a imagem do indivíduo que transgride a lei em inimigo, é possível perpetrar arbitrariedades contra os mesmos e mitigar suas garantias, de maneira que a sociedade não se atente a tais abusos, por possuírem uma visão cada vez mais deturpada quanto aos fins do Direito Penal.

O sentimento exacerbado de temor, que é suscitado constantemente, gera a busca intensa e desenfreada por segurança, pois os riscos continuam a crescer, e o sentimento é de que cresçam cada vez mais, o que resulta na visão heróica do Direito Penal.

O que se deve repensar nesse cenário é o rumo no qual o legislador está se deixando conduzir, em como a inflação legislativa e a expansão do Direito Penal em nada contribui socialmente, e no quanto esse processo pode ser danoso a todos os sujeitos que se encontram nesse canário.

Não é razoável que se busque cada vez mais pela criação de tipos penais que nada protegem e não possuem fundamentação jurídico-penal. O cunho emergencial que também vem sendo empregado contribui para uma sociedade de punição máxima, recorrendo para conseqüências trágicas, ao invés de buscar por algo que é mais complexo do que mostrado em alguns minutos de notícia.

Referências bibliográficas

BECK, U. **Sociedade de risco: rumo a outra modernidade**. Trad. Sebastião Nascimento. São Paulo: Editora 34, 2011.

BITENCOURT, C. R. **Tratado de direito penal** - v. 1: parte geral. 24ª. ed. São Paulo: Saraiva Jur, 2017

GRECO, R. **Curso de Direito Penal**, parte especial. Niterói: Editora Impetus, 2017

GIULIANI, Emília Merlini. **O bem jurídico supraindividual como critério de limitação de intervenção penal**. In: PUCRS, biblioteca de teses e dissertações. Disponível em: http://tede2.pucrs.br/tede2/handle/tede/4907 - Acesso em 30/07/2020

PESSÔA, U. ; DUPRET, C. **Os direitos dos animais e as novas**

reflexões no mundo moderno. Belo Horizonte (MG): Letramento: Casa do Direito, 2018.

MEZZER, E. **Tratado de Derecho Penal**. 2ªed, Madrid: Revista de Derecho Privado, 1946.

MENDES, G. F. ; BRANCO, P. G. **Curso de Direito Constitucional** 9ª ed. rev. e atual. São Paulo: Saraiva, 2014

MOREIRA, L.; OLIVEIRA E. P. **Direito Penal do Inimigo**. Trad. Gercélia Batista de Oliveira Mendes. Rio de Janeiro: 2008

MORAIS, A. **Direito Constitucional**. 8ª ed. São Paulo: Atlas, 2000.

MOURA, Aline Cristine Boska; VARGAS, Ana Paula Ovçar. **Direito Penal Do inimigo e a legislação brasileira**. In: Conteúdo Jurídico. Disponível em: http://www.conteudojuridico.com.br/open-pdf/cj053962.pdf/consult/cj053962.pdf

PRADO, L. R. ; CARVALHO, E. M., **Curso de Direito Penal Brasileiro** 13ªed. ver. atual. e ampl. São Paulo: Editora Revista dos Tribunais, 2014

ROXIN, C. **A proteção de bens jurídicos como função do Direito Penal**. 2ª ed. Porto Alegre: Livraria do Advogado editora, 2009

A ASCENSÃO DA DEMOCRACIA POR MEIO DA EFETIVAÇÃO DOS DIREITOS HUMANOS

Betina Fertin Gavião de Carvalho[1]
Ulisses Pessôa[2]

Considerações Iniciais

O evento mais importante para o Direito Internacional dos Direitos Humanos é a criação da Organização das Nações Unidas em 1945 por meio da Carta de São Francisco. No sentido de elencar quais seriam os direitos básicos, como civis, políticos, sociais e econômicos na carta, surge em 1948 como Resolução da Assembleia Geral da ONU, a Declaração Universal de Direitos Humanos, que

---

[1] Especialista em ciências criminais pelo programa de pós-graduação lato sensu da Universidade do Estado do Rio de Janeiro (UERJ); Advogada e pesquisadora.

[2] Doutor e Mestre em Direito pela UNESA/RJ (Bolsista integral pela CAPES), Professor de Direito Penal e Processo Penal da graduação da UNESA, UNISUAM e da Pós-graduação *Lato Sensu* da UERJ e da FGV-*LAW PROGRAM;* Psicanalista em formação pelo Corpo Freudiano-Escola de Psicanálise; Pesquisador-Coordenador do grupo de pesquisa sociedade Globalizada e Sistema Penal (SGSP); Advogado criminalista; Parecerista, jurista e escritor; Professor orientador.

abrangeu uma grande gama de possibilidades para o constante desenvolvimento dos direitos humanos.

Todavia, a Declaração Universal de Direitos Humanos e as Resoluções da Assembleia Geral da ONU são instrumentos regidos pela *soft law* e, portanto, não têm força vinculante, possuindo normatividade relativa. Desta forma, são reconhecidas, com o tempo, como espelho de norma costumeira de proteção de direitos humanos e, também, elemento de interpretação do conceito de "direitos humanos", de acordo com decisão da Corte Internacional de Justiça. (RAMOS, 2019).

A expansão da discussão ganha mais reconhecimento em 1996, com a promulgação do Pacto Internacional de Direitos Civis e Políticos (PIDCP) e o Pacto Internacional de Direitos Econômicos, Sociais e Culturais (PIDESC) que foram adotados pela Assembleia Geral da ONU e somados à Declaração Universal dos Direitos Humanos são reconhecidos como a Carta Internacional dos Direitos Humanos caracterizada por tratar de (i) direitos de todos; (ii) onde Estados possuem deveres em prol do ser humano; (iii) e que os indivíduos podem usufruir de instâncias internacionais de supervisão e controle das obrigações do países signatários.

O avanço das tecnologias e a globalização ao longo de duas décadas permite um engajamento progressivo das pessoas na maior parte dos países. Princípios internacionais acerca do direito humanitário são debatidos neste novo espaço público internacional, em que, a proteção destes direitos é tremendamente valiosa para assegurar a democracia cosmopolita.

Logo, percebe-se que durante o século XX criou-se o caminho para a compilação de direitos humanos, com critérios de legitimidade que assistem a tutela de direitos coletivos e individuais, e ainda, norteando os novos comportamentos dos Estados, em âmbito internacional. Entretanto, faz-se relevante a análise da questão na atualidade: como os direitos humanos estão no século XXI?

Direitos Humanos e Democracia

Todd Landman (2018) traz a noção do quanto a democracia influência nos direitos humanos ao redor do mundo. Segundo ele, as democracias foram criadas com o objetivo de se basearem na proteção dos direitos fundamentais e, por isso, cria-se uma expectativa de que os direitos humanos serão mais protegidos nos países que adotarem esse sistema político.

A democracia e os direitos humanos dividem os princípios da liberdade individual, integridade, justiça, representação igualitária, responsabilidade, inclusão, participação e soluções pacíficas. Além das concepções modernas de democracia em que são baseadas nas ideias fundamentais da soberania popular e da tomada de decisão coletiva, nas quais os governantes são responsabilizados por aqueles sobre quem governam (BEETHAM, 2008), é possível elencar três tipos, quais sejam, a democracia processual, a democracia liberal e a democracia social.

A democracia processual, pode ser considerada uma base de condições e um limite mínimo para avaliar e contar número de democracias no mundo e inclui duas dimensões de contestação e participação. Sendo a contestação que captura a incerta competição pacífica necessária para o governo democrático.

As definições de democracia liberal, preservam as noções de contestação e participação da democracia processual, mas adicionam referencias mais explícitas a proteção de certos direitos humanos, contendo uma dimensão institucional e uma dimensão de direitos. Essa definição é mais rica, pois inclui restrições legais no exercício do poder para complementar os elementos populares na derivação e responsabilização pelo poder.

Já as definições sociais de democracia mantêm as dimensões institucionais e de direitos encontradas nos modelos liberais de democracia, mas expande os tipos de direitos que devem ser protegidos, incluindo aspectos sociais, econômicos e culturais, não apenas direitos civis, políticos, de propriedade e das minorias, como na democracia liberal (LANDMAN, 2018).

De fato, estudos comprovam que a democracia e os direitos humanos se correlacionam positivamente, mas não perfeitamente. Enquanto a Declaração Universal dos Direitos Humanos (1948) se refere ao direito de participar do governo (por representantes diretos ou indiretos, acesso igualitário aos serviços públicos e eleições periódicas), a natureza não vinculante dessa Declaração, junto com a escassez de referência específica à democracia nos instrumentos internacionais subsequentes de direitos humanos, indicam que eles foram mais legalmente codificados por meio da lei internacional do que a democracia, por exemplo.

Isto posto, por meio de uma análise quantitativa em larga escala sobre a proteção dos direitos humanos, que se iniciou no final da década de 1980, foi possível indicar efeitos positivos consistentes e significativos da democracia nos direitos civis e políticos. O uso de dados coletados de vários países no espaço e no tempo, e o estudo empírico dos direitos humanos, concluiu que as democracias são políticas melhores quando se trata de proteger direitos civis e políticos e essa melhoria ocorre dentro de um ano após a transição para a democracia. (LANDMAN, 2013).

A pesquisa de Landman é desenvolvida com a apresentação de três casos, em que resta comprovada sua tese enquanto examina o período da Guerra Fria (1991) até recentemente, com os casos abordados em "O Conto das Três Mulheres". As histórias se assemelham no ponto em que todas experienciaram repressão de um Estado autoritário e, posteriormente ascenderam politicamente em seus respectivos países: Michelle Bachelet no Chile, Dilma Rousseff no Brasil e Aung San Suu Kyi no Mianmar.

Em 1974, Michelle Bachelet foi levada pela *Dirección de Inteligencia Nacional*[3], conhecida como "DINA", ao agora chamado de Centro de Detenção Villa Grimauldi, em Santiago. Lá ela foi torturada como parte da campanha de Augusto Pinochet contra a esquerda política, uma vez que seu pai era general que serviu sob o governo do ex-presidente Salvador Allende. Michelle viveu anos na Alemanha Oriental antes de voltar para o Chile à serviço do presidente Ricardo Lagos antes de ser eleito (Politzer 2011).

Dilma Rousseff foi vítima do regime militar brasileiro que esteve no poder entre 1964 e 1985. No começo da década de 1970, ela fazia parte da esquerda radical e após ter sido considerada culpada por "subversão", ficou presa entre 1970 e 1972 em São Paulo onde foi torturada com pau de arara, palmatória, choques e socos entre outros tipos, pelo regime ditatorial.

Por último, Aung San Suu Kyi, filha única do herói da independência birmanesa Aung San, também era vista como inimiga do regime e dado a este fato, na década de 90, passou 15 anos em prisão domiciliar, como líder da Liga Nacional pela Democracia.

---

[3] Polícia de Segurança Interna Chilena

Suu Kyi se tornou símbolo da resistência e luta pelos direitos humanos inspirada até mesmo por Mahatma Gandhi, conforme noticiado em veículos midiáticos como BBC (2019).

Os três contos evidenciam histórias de mulheres que sofreram repressão pelo Estado em que viviam por um longo período, e em seguida, conseguiram alcançar cargos políticos de extrema relevância. Michelle Bachelet se tornou presidente do Chile em 2006, para um mandato de quatro anos e depois foi reeleita em 2013 por mais quatro anos, sendo a primeira a vencer duas eleições presidenciais na história do país. Dilma Rousseff, por sua vez, teve seu primeiro mandato como presidente do Brasil em 2011 e foi empossada para seu segundo mandato em 2015, ocupando o cargo de primeira mulher a presidir o Brasil, até que sofreu o *impeachment* em 2016. Aung San Suu Kyi se tornou a figura mais poderosa do governo birmanês, ocupando os cargos de 1ª Conselheira de Estado e chanceler em 2015 e vencedora do prêmio Nobel da Paz, título este que ganhou em 1991.

Independente de qualquer crítica a como Michelle, Dilma e Suu Kyi governaram/governam seus respectivos países, é indiscutível que a trajetória que fizeram de enfrentar um regime autoritário, serem presas e depois ascenderem politicamente, ilustra o poder e a evolução da democracia em conjunto com a proteção dos direitos humanos políticos e civis.

Em adicional aos dados coletados acima, a pesquisa de Fein (1995) demonstra que o processo de democratização de um Estado leva tempo para ser incorporado e, durante isso, para aqueles regimes em algum lugar entre o autoritarismo e a democracia, pode haver mais violações dos direitos civis e políticos.

Dessa maneira, a complementaridade entre a democracia e os direitos humanos que é perceptível nas teorias, nasce empiricamente no que diz respeito à proteção dos direitos à integridade política, enquanto as descobertas do impacto da democracia no desenvolvimento humano, são um bom sinal para a demonstração de complementaridade dos direitos sociais e econômicos. Contudo, essa complementaridade não é perfeita, pois ainda existem muitas discrepâncias e contradições, especialmente no que concerne à capacidade da democracia de acomodação política e à natureza julgadora dos direitos humanos (LANDMAN, 2013).

Vias (não) Democráticas no Contexto Internacional

É possível ver a hermética miscelânea de conflitos de governos que abandonaram as regras da democracia, em casos da Europa até a Ásia Central, em que pese o intuito de perpetuar um poder arbitrário e opressivo. De acordo com um estudo da organização *Freedom House* (CSAKY, 2020), existem governos menos democráticos nessas regiões se comparado ao relatório elaborado em 1995, demonstrando um colapso democrático impressionante em 29 países que integram o grupo de "Nações em Trânsito"[4].

Tal declínio resultou em ataques à independência judicial, ameaças contra a sociedade civil e a mídia, manipulação de estruturas eleitorais e o esvaziamento de parlamentos que não mais cumprem seu papel de centros de debates políticos e supervisão do executivo. Enquanto esses direitos humanos são violados, os líderes antidemocráticos defendem o esquelético elemento majoritário da democracia, alegando que agem de acordo com a vontade do povo, justificativa essa, que serve apenas para a concentração de poder.

Nesse diapasão, o crescimento das redes sociais e as funções dos celulares revolucionou a habilidade individual das pessoas de serem ouvidas e exigirem seus direitos. A ampliação da participação política fomentada pela internet, e pelo grande volume de informações sobre as condições dos direitos humanos de cada país, torna mais próxima a realização de democracia, uma vez que seria disponível a todos os cidadãos a manifestação explícita de suas posições acerca dos desdobramentos políticos pontuais ou até mesmo os mais abrangentes.

A conformação de uma comunidade internacional faz com que se busque, em âmbito global, a proteção e a fruição dos direitos humanos. Diante deste quadro, os indivíduos passaram a compreender e lutar pelos seus direitos fortalecendo, por exemplo, movimentos anti-racistas como o *Black Lives Matter* e, ainda, o

---

[4] "Nações em Trânsito" é um projeto que avalia o estado de democracia na região da Europa Central à Ásia Central, feito pela *Freedom House*. A classificação vai de (i) democracias consolidadas, com pontos de 5.01-7.00; (ii) democracias semi-consolidadas, com pontos de 4.01-5.00; (iii) regimes híbridos ou em transição, com pontos de 3.01-4.00; (iv) regimes autoritários semi-consolidados, com pontos de 2.01-3.00; regimes autoritários consolidados, com pontos de 1.00-2.00.

feminismo como emancipação de padrões patriarcais sociais e por direitos equânimes.

Os múltiplos recursos disponíveis na internet possibilitam a esperança de que a representação política tenha maior visibilidade e conte com mais avanços. No entanto, a representação política formal ainda continua sendo o melhor instrumento para o exercício da democracia.

Analisemos, por exemplo, a situação fatídica da Polônia, em que o partido Lei e Justiça (PIS) tem colidido com o judiciário na tentativa de convertê-lo numa ferramenta política flexível. Após dedicar seus primeiros anos na aquisição ilegal do Tribunal Constitucional do país e do Conselho responsável pelas nomeações judiciais, o governo PIS começou a perseguir juízes em 2019. No início de 2020, os juízes contrários as reformas do governo ou que aplicaram as leis da União Europeia corretamente, foram sujeitos a medidas disciplinares.

Para além da matéria judiciária, foram registrados mais de 80 casos em que os governos regionais poloneses declararam "zonas livres da ideologia LGBT", desde o início de 2019. Diante de tamanha violação dos direitos humanos, que remete as lembranças da *Segregation* nos Estados Unidos, aonde após a abolição da escravidão, os negros não eram bem-vindos em diversos locais públicos no país, o Parlamento Europeu precisou intervir aprovando resolução contra tais zonas.

Após a petição pedindo que revogassem todas as resoluções de autoridade municipais polonesas que têm como alvo gays, lésbicas e transgêneros chegasse ao Parlamento Europeu, teve sua aprovação, no final de 2019, por 463 votos a favor e 107 contra. De qualquer forma, o líder do PIS, Jaroslaw Kaczynski tachou o movimento LGBT como "importação estrangeira" que ameaça a identidade da nação (Welle, 2019).

Em paralelo ao caso da Polônia, na Hungria, o primeiro-ministro Viktor Orbán agiu a fim de consolidar o controle sobre áreas da vida pública, como educação e artes em 2019. Desde 2010 que Orbán centraliza o poder em suas mãos, assumindo grande parte da mídia e assediando organizações que os criticam.

Ao contrário do cenário atual, em 2005 a Hungria foi reconhecida como um dos três pioneiros democráticos, e devido a este retrocesso, se tornou o primeiro país a descer por duas categorias de regime e deixar o grupo das democracias consolidadas. Para consolidar seu governo abusivo, o primeiro-ministro adotou, em 2019, uma Lei de Emergência que decreta que seu governo tenha vigência indefinida, o que sinaliza a queda da democracia.

Estes acontecimentos são apenas alguns de uma longa lista de arbitrariedades que tem manipulado os procedimentos da vida civil dos países da União Europeia, que inclusive já alertou repetidamente sobre estes desvios, temerosa ao retrocesso democrático em ambos países. Assim, em resposta a crescente polaridade, o Tratado da UE dispõe, em seu artigo 7º, a possibilidade de impor normas sob um país quando houver um risco claro de violação dos valores do bloco, visando a independência do judiciário e, portanto, uma democracia direta.

Estudo sobre o Governo Norte Coreano e os Desdobramentos do Regime Democrático no Gozo dos Direitos Humanos

Regimes mais autoritários legislam, vigiam e censuram a internet progressivamente, por isso, ao levantar o estudo da relação entre democracia e direitos humanos, faz-se necessária também, a análise de viés políticos diferentes. A Coreia do Norte, por exemplo, teve seu governo socialista formado em 1948 e, desde então, o controle se manteve na dinastia da família Kim II-Sung.

Por isso, a ONU investiga o país e intenta elaborar e coletar dados, e produziu um relatório descrevendo a ação de serviços há mais de 20 anos. O estudo de caso[5] redigido pelo Escritório de Direitos Humanos da ONU se iniciou a partir de relatos de 214 pessoas que fugiram do país. Os autores enfatizam que o Estado não cumpriu obrigações sob o crivo da lei internacional de direitos humanos, posto que mais de 43% de sua população está subnutrida e sofre de insegurança alimentar, quase 10 milhões de pessoas não possuem acesso a água potável e 16% da população não têm saneamento básico. (ONU NEWS, 2019).

A vigilância e o controle ditatorial faz com que a concessão de informações precisas e fontes seguras de dados do país seja complicado. Além do número reduzido de aparelhos telefônicos, o

---

[5] O relatório se chama "O Preço dos Direitos: A violação do direito a um nível de vida adequado na República Popular Democrática da Coreia".

acesso a internet é acompanhado em escala nacional, limitando-se a uma ˜rede privada de internet˜. Até mesmo para transitar no país como turista é necessário que esteja sempre acompanhado de um guia norte coreano que mostra exatamente o que o governo acha conveniente mostrar para pessoas de fora.

A realidade é que o ambiente doméstico é opressivo, onde não há espaço para liberdade de expressão, para ação de organizações independentes da sociedade civil ou a atuação de jornalistas. Fugitivos contaram à organização *Human Rights Watch* (2020) que a sociedade norte coreana é dominada predominantemente por homens, que ocupam posições de liderança. Atos de violência de gênero, física, sexual e psicológica são inclusive comuns na sociedade.

Ademais, outros fugitivos que contaram suas histórias para o TED[6], explicaram o que é necessário para sair da Coreia do Norte, esclarecendo que é preciso atravessar a fronteira até a China, onde não podem ser reconhecidos como norte coreanos, caso contrário, são enviados de volta para o país de origem. Nesse tocante, importante ressaltar que, em caso de ser capturado abandonando o país ou ao ser reenviado, o resultado é inevitavelmente a tortura e, em alguns casos, execução em praça pública.

A maioria dos norte coreanos não tem consciência de como é o mundo fora do domínio do Grande Líder, eles tentam fugir devido a fome que assola o país. Foi o que aconteceu com Joseph Kim (2013), que após a morte de seu pai por desnutrição, a fuga de sua irmã e mãe para China, se encontrou sozinho, sem casa e sem comida, e portanto, impôs sua mudança de país de forma inevitável.

Já no caso de Yeonmi Park (2019), após de ter sido traficada junto com sua mãe na tentativa de uma vida melhor na China, conseguiu reunir a família e ir para Coreia do Sul com 15 anos. Em sua infância, acreditava que o Grande Líder poderia ouvir seus pensamentos, pois cresceu num ambiente de adoração ao Kim Jong-il, em que era visto como Deus. Por isso, teve que aprender a raciocinar e formar opiniões quando saiu da Coreia do Norte, uma vez que a ensinaram a não questionar nada e tampouco auxiliam a sua população a desenvolver opiniões críticas.

---

[6] TED Talks são conferências e apresentações de diversos assuntos num curto prazo, podendo ser assistidas presencialmente ou online.

Park ainda explica que não há revolução na Coreia do Norte, pois seus habitantes não sabem como é a vida fora do país, em suas palavras *"Se você não sabe o que é um escravo, como saber que você é um? Se não sabe que está isolado e sofrendo opressões, como lutar para ser livre?"*.

Em pleno século XXI, elementos de uma vida considerada normal para a maioria das pessoas, é totalmente restringida para milhões de norte coreanos, como o desconhecimento da internet, sujeição da não liberdade religiosa, ausência da liberdade de ir e vir e ainda contam com serviços públicos precários, que faz com que perdure a fome em toda sua população. Pelos motivos elencados, somado a diversos outros já denunciados pela Assembleia Geral da ONU, a Coreia do Norte foi condenada, em e, pela violação sistemática e generalizada dos direitos humanos.

Infelizmente, os norte coreanos são censurados e impedidos de pensar de forma crítica, que dirá protestar por direitos dos quais a própria sociedade não está consciente que possui. Entretanto, no tocante as Nações em Trânsito, pode-se perceber que, apesar do declínio das democracias, os governos da Ásia Central à Europa Central foram abalados por protestos políticos em 2019 (CZAKY, 2020).

Manifestações públicas de dissidência movimentaram o Cazaquistão antes e depois de um falso voto ter nomeado o sucessor escolhido do ex-presidente Nursultan Nazarbayev. Em Moscou, manifestantes enfrentaram a brutalidade policial para rejeitar a manipulação das eleições locais, enquanto em Belgrado, capital da Sérvia, um movimento contra o autoritarismo crescente organizou manifestações antigovernamentais semanais. Cidadãos preocupados se reuniram para denunciar o expurgo do judiciário pelo partido Lei e Justiça (PIS), na Polônia e em Praga, pelo menos 250mil pessoas protestaram contra as negociações corruptas do primeiro-ministro tcheco Andrej Babis, lembrando as multidões da Revolução de Veludo[7] de 1989.

---

[7] Revolução de Veludo é reconhecida por derrubar de forma pacífica o regime comunista na Checoslováquia e permitir reformas econômicas e democráticas.

E se um dos Direitos Humanos Fosse Capaz de Proteger Todos os Outros?

É cediço que a democracia influencia na proteção dos direitos humanos, mas que ela não é capaz, sozinha de garanti-los. É imprescindível que haja pessoas que protestem, se revoltem e ajam diante de uma violação. Também é necessário que a sociedade não pare de formular meios de minimizar os atentados aos direitos humanos.

Kristen Wenz, uma das fundadoras do *UN Legal Identity Expert Group*, expôs seu trabalho sobre como um único direito humano poderia mudar e garantir diversos outros, através da plataforma TED. O artigo 6º da Declaração Universal de Direitos Humanos refere-se ao direito de ser reconhecido como pessoa perante a lei, ou seja, possuir um documento de identificação. (WENZ, 2019)

No que se diz respeito as crianças, esse documento de identificação é a certidão de nascimento, todavia, apesar de ser um direito humano universal, aproximadamente 1 bilhão de pessoas não possuem nenhum registro de sua existência. Pode não parecer tão importante, mas analisando a fundo, é uma das maiores violações dos direitos humanos atualmente. Como proteger os direitos humanos de um cidadão se não há registros de sua existência?

Dessarte, se um indivíduo não possui identificação, ele não é reconhecido como cidadão pelo governo e consequentemente não poderá ter acesso aos benefícios como educação e saúde. Essas pessoas, geralmente mais pobres, não são computadas e por isso não são protegidas.

Um dos efeitos desse não reconhecimento é estar mais suscetível a se tornarem vítimas do tráfico de pessoas, pois os traficantes sabem a dificuldade de encontrar alguém que nunca possuiu uma certidão de nascimento na vida. Especificamente sobre as crianças, podem ser vítimas de exploração laboral e casamento infantil, dado que se deve provar por um documento que uma criança é, de fato, uma criança.

De acordo com um estudo feito em 17 países na África Subsaariana, 80% das crianças não possuem certidão de nascimento, mas para acessar serviços de saúde como a vacina, em 26 países de todos os países que não atingiram a cobertura universal de nascimento, se é exigido tal documento (UNICEF, 2019; BARROS

& BHATIA & FERREIRA & VICTORA, 2017). Também é exigido para acessar a assistência social no intuito de emergir financeiramente em 37 países; em 59 países é preciso da certidão de nascimento para a criança ser matriculada ou terminar os estudos; e ainda para solicitar outros documentos de identificação, como passaporte ou carteira de motorista. (UNICEF, 2019; UNITED NATIONS, 2018)

Vale ressaltar que a apresentação de tais documentos são obrigatórios em quase todos os países na época das eleições, para comprar um chip de celular ou abrir uma conta bancária. Além disso, dos 1,7 bilhões de pessoas no mundo que não possuem conta bancária, pelo menos 20% é pela falta de documento que o reconheça como cidadão (WENZ, 2019).

Não existe uma fórmula milagrosa que sirva para melhorar o sistema de identificação e registro de todos os países, pois a diversidade é enorme, mas Kristen (2019) elenca cinco intervenções que, pelos seus estudos, funcionam em qualquer sistema. A primeira é a redução da distância entre os postos de registro e vilas ou centros de mais circulação de pessoas. A segunda é a remoção dos custos para que todos possam ter acesso. A terceira é a simplificação do processo, retirando burocracias e a quarta é a remoção de discriminações que apenas minimizam o número de indivíduos que conseguem se registrar. Por último, é claro, o aumento da demanda.

No que se diz respeito a quarta intervenção, pode ser exemplificado no caso da Angola (UNICEF, 2015), que foi um dos 35 países que exigiam o nome do pai ou sua presença para que se fosse possível o registro da certidão de nascimento. É cediço que existem milhares de casos em que o pai é desconhecido, relutante ou incapaz de reivindicar paternidade e, diante disso, a mãe é impedida de registrar o nascimento de seus próprios filhos. O problema é oculto, pois esteticamente, não há diferença entre taxas de registro por sexo. Em virtude desse contratempo, a Angola efetivou uma ação permitindo que a mãe possa registrar seus filhos como "mãe solteira".

No caso da Tanzânia, apenas 13% das crianças possuíam certidão de nascimento em 2012. Afim de melhorar o seu sistema, eles o modificaram drasticamente: criaram centros de registros em estruturas existentes (alas comunitárias e em instalações de saúde), trazendo para mais perto esses serviços essências; removeram as taxas; simplificaram e automatizaram todos os processos, disponibilizando a elaboração das certidões nesses locais; e criaram uma campanha de conscientização demonstrando a importância de registrar as crianças e como funciona o novo processo do registro. Em alguns anos, nas regiões que o novo sistema foi instalado, 83% das crianças possuíam registro e agora, a ideia é de implementá-lo no país todo (UNICEF, 2018).

Em relação ao Brasil, esse também é um problema antigo que pôde ser revisto durante a pandemia do COVID-19. Para os brasileiros, a certidão de nascimento é o documento mais importante, pois apenas com ele se pode retirar os outros documentos civis (carteira de trabalho, carteira de identidade, título de eleitor e Cadastro de Pessoa Física) e sem ela, a pessoa fica privada de ter acesso a direitos garantidos por lei, como saúde básica e escola (KIRIANI, 2019).

De acordo com os dados do IBGE de 2015, três milhões de pessoas viviam sem certidão de nascimento ou qualquer outro documento. (G1, 2020) No que concerne especificamente à população carcerária, o Conselho Nacional de Justiça demonstrou que apenas cinco estados do país têm controle da documentação pessoal de suas populações carcerárias. Ainda, o ministro do Supremo Tribunal Federal, Dias Toffoli informou que 80% dos presos, calculados em 797 mil pessoas, não têm documentos básicos a fim de exercer sua cidadania (CAMPOREZ, 2019).

Vale lembrar que a falta de RG impede a confecção do cartão do Sistema Único de Saúde (SUS) e a falta do CPF impossibilita a matrícula do presidiário na escola, caso exista em sua unidade penitenciária.

No intuito de ajudar a diminuir o número de presos que não possuem documento, Dias Toffoli assinou um termo de cooperação técnica entre o CNJ e o TSE para elaborar um banco de cadastramento biométrico e emissão de documentos dos 2.500 presídios do país. O obstáculo ainda é grande, mas o objetivo é essencial. Com dados assustadores de que somente 15% estudam e 17% trabalham, essa é a realidade de mais uma violação aos direitos humanos (TORRES, 2019).

Considerações Finais

Nesse breve panorama mundial da evolução dos direitos humanos e da sua relação com a democracia, não resta dúvidas que o jogo político, tanto nos regimes totalitários, quanto nas democracias, quem sofre as consequências é a própria população do país. O conjunto de tratados e convenções internacionais relacionados aos direitos humanos, constitui o Direito Internacional dos Direitos Humanos, que norteia os Estados na efetivação desses direitos no âmbito regional. Todavia, ao priorizar a sua permanência na gerência do Estado e ao limitar as liberdades individuais em busca da segurança nacional, em um sentido territorial, os direitos humanos são violados.

É cediço que a democracia influencia na proteção dos direitos humanos, porém ela não é capaz de garanti-los por si só. É imprescindível que haja mobilização da sociedade civil, exigindo mecanismos coercitivos mais fortes diante das diversas violações aos direitos humanos, e da ineficiência do Estado em assistir sua população de forma igualitária. Também é necessário que a sociedade não pare de formular meios de minimizar os atentados aos direitos humanos e expandir o movimento visando visibilidade internacional.

Apesar do que desde o século XX, o cenário geral ser de ascensão e maior proteção dos direitos humanos, há um declínio das democracias e , lamentavelmente, ressurgem mais figuras de líderes autoritários, com discursos homofóbicos, xenofóbicos e machistas. Em contrapartida, a globalização permitiu que informações sejam disseminadas rapidamente e com isso, houve o fortalecimento da resistência. Grupos minoritários que sofrem com preconceitos de todos os tipos, têm a possibilidade de se unirem e protestarem no intuito de exigirem seus direitos, sejam eles de serem livres e iguais; de terem uma jornada de trabalho digna; terem acesso a moradia, comida, educação, serviços públicos e internet; ou de simplesmente terem privacidade. Contudo, apesar dos direitos civis elementares ainda serem frequentemente violados pelos Estados, a demanda e a mobilização pelo respeito aos direitos humanos são crescentes.

À luz das considerações acima expendidas, legitima-se a inegável a construção de uma cultura política democrática e humana, que tutele e efetive os princípios fundamentais dos direitos humanos, na prática dos Estados e da sociedade civil, tendo em vista que um modelo democrático é a base do Estado de Direito, bem como mantém a normatividade dos direitos humanos.

Referências bibliográficas

BARROS, A. BHATIA, A. FERREIRA, L. VICTORA, C. **Who and where are the uncounted children? Inequalities in birth certificate coverage among children under five years in 94 countries using nationally representative household surveys.** National Library of Medicine, 2017. In: https://pubmed.ncbi.nlm.nih.gov/28821291/ (Acesso em 25/07/2020 às 14:05)

BBC, News. **Mianmar: Como ativista Nobel da Paz se tornou defensora de país acusado na ONU de limpeza étnica.** 2019. In: https://g1.globo.com/mundo/noticia/2019/12/10/mianmar-como-ativista-nobel-da-paz-se-tornou-defensora-de-pais-acusado-na-onu-de-limpeza-etnica.ghtml (Acesso em 24/07/2020 às 14:00)
BEETHAM, D., CARVALHO, E., LANDMAN, T., WEIR, S., **Assessing the quality of democracy: A practical guide.** Estocolmo: International IDEA, 2008.
CAMPOREZ, P. **80% dos presos não têm documentos, aponta CNJ.** 2019. In: https://www.terra.com.br/noticias/brasil/cidades/80-dos-presos-nao-tem-documentos-aponta-cnj,4e4b8cbd767e395800c466e02f7c2343rw915vvj.html (Acesso em 11/08/2020 às 16:00)
CSAKY, Z. **Nations in Transit 2020: Dropping the Democratic Facade. 2020.** In: https://freedomhouse.org/report/nations-transit/2020/dropping-democratic-facade#Facade (Acesso em 20/08/2020 às 17:00)
G1. **Milhões de brasileiros não têm nenhum documento de identificação.** 2020. In: https://g1.globo.com/jornal-nacional/noticia/2020/05/16/milhoes-de-brasileiros-nao-tem-nenhum-documento-de-identificacao.ghtml (Acesso em 11/08/2020 às 15:00)
HUMAN RIGHTS WATCH. **Advancing Accountability in North Korea.** Nova York, 2020. In https://www.hrw.org/news/2020/03/09/advancing-accountability-

north-korea (Acesso em 20/08/2020 às 14:20)

KIM, J. **The family I lost in North Korea. And the family I gained.** 2013. In: https://www.ted.com/talks/joseph_kim_the_family_i_lost_in_north_korea_and_the_family_i_gained/up-next (Acesso em 21/08/2020 às 17:00)

KIRIANI, K. **Para que serve uma certidão de nascimento?** 2019. In: https://cartorio.net/cartorios/para-que-serve-uma-certidao-de-nascimento/ (Acesso em 11/08/2020 às 14:00)

LANDMAN, T. *Democracy and Human Rights: Concepts, Measures, and Relationships*. In: **Politics and Governance**. Lisboa: Cogitatio, 2018.

______________. **Human Rights and Democracy: The Precarious Triumph of Ideal**. Londres: Bloomsbury Academy. 2013.

ONU NEWS. **Norte-coreanos enfrentam "violações de direitos humanos e incertezas no ambiente jurídico".** 2019. In: https://news.un.org/pt/story/2019/05/1674061 (Acesso em 15/08/2020 às 16:00)

PARK, Y. **What I learned about freedom after escaping North Korea.** 2019. In: https://www.ted.com/talks/yeonmi_park_what_i_learned_about_freedom_after_escaping_north_korea/up-next (Acesso em 21/08/2020 às 15:00)

RAMOS, A. C. **Processo internacional de direitos humanos –** 6ed. – São Paulo: Saraiva Educação. 2019.

TORRES, I. **Acordo entre CNJ e Arpen emitirá documentação gratuita a presos.** 2019. In: https://www.cnj.jus.br/acordo-entre-cnj-e-arpen-emitira-documentacao-gratuita-a-presos/ (Acesso em 11/08/2020 às 17:00)

UNICEF. **Birth Registration for Every Child by 2030: Are we on track?.** 2019. In: https://data.unicef.org/resources/birth-registration-for-every-child-by-2030/ (Acesso em 25/07/2020 às 14:00)

UNICEF ANGOLA. **Unlocking Children's Rights in Angola: The importance of birth registration in the different programmes of Unicef Angola.** Angola, 2015. https://www.unicef.org/infobycountry/files/UNICEF_Angola_CO AR_2015_ENG.pdf (Acesso em 25/07/2020 às 14:30)

UNITED NATIONS. **United Nations Legal Identity Agenda.**

2018. In: https://unstats.un.org/legal-identity-agenda/ (Acesso em 25/07/2020 às 14:20)

UNICEF TANZANIA. **Annual Report 2018.** Tanzania, 2018. In: https://www.unicef.org/tanzania/media/1791/file/Annual%20report .pdf (Acesso em 25/07/2020 às 14:40)

WELLE, D. **Parlamento Europeu condena "zonas livres de ideologia LGBT" na Polônia**. 2019. In: https://www.dw.com/pt-br/parlamento-europeu-condena-zonas-livres-de-ideologia-lgbt-na-pol%C3%B4nia/a-51727176 (Acesso em 15/08/2020 às 15:00)

WENZ, K. **What if a single human right could change the world?** Nova York: TED, We The Future. 2019. In: https://www.ted.com/talks/kristen_wenz_what_if_a_single_human_right_could_change_the_world (Acesso em 20/07/2020 às 17:00

A DIGNIDADE DA PESSOA HUMANA: REFLEXÕES URGENTES SOBRE OS DIREITOS FUNDAMENTAIS DO PRESO.

José Jorge Rodrigues Lopes[1]

Ulisses Pessôa[2]

---

[1] Graduando do Curso de Direito, pelo Centro Universitário Augusto Motta – UNISUAM e pesquisador do grupo de pesquisa do grupo de pesquisa Sociedade Globalizada e Sistema Penal (SGSP); graduado no curso de Licenciatura em História pela Fundação Educacional Unificada Campograndense (FEUC), e Pós-Graduando em História Social e Cultural do Brasil pela Fundação Educacional Unificada Campograndense (FEUC). jjreco2009@gmail.com

[2] Doutor em Direito pela UNESA/RJ (Bolsista integral pela CAPES); Mestre em Direito pela UNESA/RJ (Bolsista integral pela CAPES); Especialista em Direito Penal e Processo Penal; Professor de Direito Penal da UNISUAM; Coordenador do grupo de pesquisa SGSP; Advogado Criminalista; Professor orientador. ulissespessoadossantos@gmail.com

Considerações iniciais

O número de pessoas que adentram ao sistema carcerário brasileiro é alarmante. Todos os dias temos acessos as notícias que expõe os problemas vividos dentro do complexo carcerário.

A prisão tem um objetivo para com o apenado: protege-lo e fazer com que haja mudanças na sua vida. Contudo, as mudanças não possuem um caráter positivo. O Cárcere se mostrou ineficiente no que tange a pena de prisão, pois tendo como objetivo a ressocialização do indivíduo esta não consegue se efetivar.

O preso dentro do cárcere acaba por não ter seus direitos garantidos e se torna uma vítima do que o descuido do Estado. Este artigo tem como condão analisar de forma reflexiva os Direitos Constitucionais, os Direitos Fundamentados pela lei de Execução Penal (LEP), o Princípio da Dignidade Humana e como o seu ultraje acaba por ser danoso para o detendo dentro da instancia prisional.

Histórico do sistema carcerário brasileiro

A prisão como instancia na qual se deposita seres humanos, é fruto de uma consequência social. Tendo em uma sociedade normas de convívio, a prisão funciona como a aparelhagem na qual se deposita seres humanos que estão em desconformidade com a lei estabelecida. Dentro dessa perspectiva, a prisão passou por transformações no que se entende pela sua pena. Por exemplo, em períodos mais arcaicos, a pena paga pelos presos eram denominadas pelos chamados suplícios. Segundo Foucault (2018, p. 37), os suplícios foram uma forma de punição na qual marcava-se o corpo da vítima com uma cicatriz com o intuito de, na sua ostentação, o indivíduo se tornar infame.

Com o desenvolvimento dos novos meios de

produção e das novas demandas sociais, os crimes se transformam e novas formas de pena são introduzidas. Assim, como analisa Foucault (2018, p. 223), através de uma aparelhagem, que tinha por objetivo docilizar e utilizar os apenados, a partir de um trabalho extensivo sobre seus corpos, surge a instancia-prisão, antes mesmo que a lei a definisse por excelência.

A sua primeira forma física é denominada penitenciaria. Como afirma Bittencourt (2019, p 175), esta surge nos Estados Unidos, mas não se pode afirmar que a prisão é um invento norte-americano. O modelo de penitenciaria possui além de religiosas, inspirações nos *Bridweells* ingleses e nos *Rasp-huis* em Amsterdã. As primeiras formas de penitenciarias estão nos experimentos da Filadélfia e nos sistemas de *Auburn* e, como salienta Bittencout (2019, p. 179-180), não possuem diferenças radicais, tendo como parâmetro o impedimento dos reclusos se comunicarem entre si, separando-os por celas individuais.

No Brasil, segundo Chazkel (2009, p. 5), o caráter humanitário dentro da prisão tem sua construção em dois momentos: com a chegada da Família Real Portuguesa em 1808 e a Independência do Brasil em 1822. Para Sant´Anna (2005, p. 1), deve-se evidenciar a Independência do Brasil, pois surge a partir deste evento a primeira Constituição brasileira em 1824 e o Código Criminal de 1830. Assim, a legislação brasileira passa a ter autonomia frente às legislações portuguesas, e em tal empreitada, pode-se modernizar o cárcere, trazendo de forma inovadora a ressocialização. Chazkel (2009, p. 6) expõe a criação da Casa de Correção do Império, no ano de 1834, sendo inspirada nos modelos de *Auburn*.

Com a Abolição da Escravatura em 1888 e a Proclamação da República em 1889, houve-se a necessidade de alterações da legislação penal, tendo em vista os impactos que tais eventos causaram na sociedade. Desse modo, como escreve D'Oliveira (2014, p. 36), no ano de 1940 foi promulgado o novo Código Penal, sendo o projeto de Alcantra Machado com redatores ilustres e sendo estes mestres doutrinadores. Entre eles, Vieira Braga, Roberto Lyra, e Nelson Hungria. A parte geral desse código foi alterada a partir da lei 7.209/84 que acrescentou novos conceitos. Assim como, a consolidação do sistema de cumprimento de pena, prestação de serviços à comunidade e a reformulação da Lei de Execução Penal (LEP), com a lei 7.210/84.

Estrutura do sistema carcerário à luz da lei 7.210/84

A lei 7.210/84 fulgura-se um grande avanço para a Norma Penal. Sendo esta a Lei de Execução Penal (LEP), concede direitos ao preso e expressa o caráter ressocializador que o ambiente carcerário deve possuir. Sua abrangência modela de forma inovadora a prisão.

Considerando-se que a pena deve possuir um objetivo que visa a recuperação do apenado dentro da instancia prisional, Kirst (2010, p. 93) analisa que o código de processo penal se adequa ao padrão garantidor de direitos. Em um Estado Democrático de Direito, seu ordenamento se faz à luz da Constituição Federal.

Ressaltando-se sua característica humanitária, o artigo 1° fundamenta o objetivo da sentença criminal e salienta que a prisão proporcione condições harmônicas pra a recuperação do internado[3]; outro artigo que deve-se à análise é o artigo 3°, no qual assegura todos os direitos do preso na qual a lei não

---

[3] Art. 1° A execução penal tem por objetivo efetivar as disposições de sentença ou decisão criminal e proporcionar condições para a harmônica integração social do condenado e do internado.

consegue atingir.[4] Dessa forma, o apenado tem seus direitos assegurados e o indivíduo possuirá as assistências devidas que são evidenciadas no artigo 10°, onde no estado tem-se o dever, tanto na assistência quanto no retorno do indivíduo para a sociedade[5], sendo auxiliada pelo artigo 11°, que dispõe a assistência: material, à saúde, à justiça, assistência educacional, social e religiosa[6]. Nota-se dessa forma, os deveres do estado para com o apenado.

Em relação aos direitos do preso, a Lei de execução Penal (LEP) dispõe no artigo 40° que impõe às autoridades a integridade física e moral dos condenados e no artigo[7] 41° lista seus direitos, entre eles: a alimentação, o trabalho, a previdência, a assistência, ao chamamento nominal, a igualdade de tratamento e etc.[8]

---

[4] Art. 3° Ao condenado e ao internado serão assegurados todos os direitos não atingidos pela sentença ou pela lei.

[5] Art. 10. A assistência ao preso e ao internado é dever do Estado, objetivando prevenir o crime e orientar o retorno à convivência em sociedade. Parágrafo único. A assistência estende-se ao egresso.

[6] Art. 11. A assistência será: I - material; II - à saúde; III -jurídica; IV - educacional; V - social; VI - religiosa.

[7] Art. 40 - Impõe-se a todas as autoridades o respeito à integridade física e moral dos condenados e dos presos provisórios.

[8] Art. 41 - Constituem direitos do preso: I - alimentação suficiente e vestuário; II - atribuição de trabalho e sua remuneração; III - Previdência Social; IV - constituição de pecúlio; V - proporcionalidade na distribuição do tempo para o trabalho, o descanso e a recreação; VI - exercício das atividades profissionais, intelectuais, artísticas e desportivas anteriores, desde que compatíveis com a execução da pena; VII - assistência material, à saúde, jurídica, educacional, social e religiosa; VIII - proteção contra qualquer forma de sensacionalismo; IX - entrevista pessoal e reservada com o advogado; X - visita do cônjuge, da companheira, de parentes e amigos em dias determinados; XI - chamamento nominal; XII - igualdade de tratamento salvo quanto às exigências da individualização

Assim, o apenado não é só visto pelo estado como alguém que está encarcerado. Enxerga-se o invidio como um ser humano, verdadeiro sujeitos de direito, o qual necessita de um apoio com o escopo de ser reintroduzido socialmente. Pelo menos, este deve ser o ponto principal trabalhado pelo Leviatã.

O princípio da dignidade da pessoa humana amparado pela constituição federal de 1988

O século XX se mostrou o mais bárbaro da história no que tange à violência contra o ser humano. As extremidades contidas no Fascismo Europeu com as tropas nazistas de Adolf Hitler destilavam o ódio às minorias. Tendo um cenário internacional propicio se desenvolvem novas formas de luta e práticas que atendessem à Dignidade da pessoa Humana em sua forma geral. Guerra (2017, p. 105-106) afirma que a partir dessa hecatombe, surge como proposta a defesa e o zelo pelos seres humanos.

A dignidade se constitui em um valor moral. Dessa forma, para Kant (2011, p. 82) deve-se pautar o preço e a dignidade das coisas. Aquilo que tem um preço pode ser trocado por outra que a seja equivalente. Contudo, quando aquilo não pode ser trocado, este se manifesta acima do preço possuindo dignidade. Desta

---

da pena; XIII - audiência especial com o diretor do estabelecimento; XIV - representação e petição a qualquer autoridade, em defesa de direito; XV - contato com o mundo exterior por meio de correspondência escrita, da leitura e de outros meios de informação que não comprometam a moral e os bons costumes. XVI – atestado de pena a cumprir, emitido anualmente, sob pena da responsabilidade da autoridade judiciária competente. (Incluído pela lei n° 10.713, de 2003); Parágrafo único. Os direitos previstos nos incisos V, X e XV poderão ser suspensos ou restringidos mediante ato motivado do diretor do estabelecimento.

feita, a vida e a integridade do ser humano não possuem preço. Ela é digna, pois sua valoração não se mede e nem pode ser trocada.

Por conseguinte, a Dignidade da Pessoa Humana se fundamenta de forma social, filosófica e cientifica. Tonial (2008, p. 54) afirma que tal princípio possui formas distintas pois seu conceito não apresenta uma única face. Sendo reservado como atributo intrínseco ao ser humano de forma ontológica, se configura como uma condição humana irrenunciável e inalienável onde o indivíduo possui igualdade e liberdade para gerir suas próprias ações.

Guerra (2017, p. 123) explicita que a Dignidade da pessoa Humana se torna um núcleo fundamentador que se solidifica como valor na sociedade internacional. Este princípio serve de orientação a qualquer interpretação do Direito Internacional Público. Dessarte, com a universalização de tal princípio, a Dignidade da Pessoa Humana se fundamenta como base de inúmeras constituições. No Brasil, a Constituição de 1988, tem em seu texto base a preocupação com a dignidade da pessoa humana.

O Artigo 1° da Constituição Brasileira de 1988, inciso III, fundamenta que o estado democrático de Direito tem, ao lado da soberania, da cidadania, dos valores sociais do trabalho e da livre iniciativa, a Dignidade da pessoa Humana como seu fundamento[9].

---

[9] Art. 1° A República Federativa do Brasil, formada pela união indissolúvel dos Estados e Municípios e do Distrito Federal, constitui-se em Estado Democrático de Direito e tem como fundamentos: I - a soberania; II - a cidadania; III - a dignidade da pessoa humana; IV - os valores sociais do trabalho e da livre iniciativa; (Vide Lei n° 13.874, de 2019) V - o pluralismo político. Parágrafo único. Todo o poder emana do povo, que o exerce por meio de representantes eleitos ou diretamente, nos termos desta Constituição.

Deste modo, como afirma Hesse *apud* Silva e Pítsica (2018, p. 49), o principio deve criar e manter condições validas onde se possa assegurar uma vida em liberdade e digna.

Deve-se salientar, que a Dignidade da Pessoa Humana se fundamenta em outros artigos da Constituição Federal. Como no Artigo 226° § 7, que apresenta e relaciona a dignidade com o planejamento familiar[10]; o artigo 227°, onde fomenta o dever da família com a criança e o jovem, caracterizando a dignidade um direito ao lado da vida, educação, ao lazer, etc[11]. e também no artigo 230° onde indica que o Estado, a sociedade e a família possuem o dever de amparar pessoas idosas, garantindo-lhes o direito à vida e ao bem estar[12].

Destarte, nota-se que, teoricamente, que a Dignidade da pessoa humana está amparada constitucionalmente e deve ser um fator de preocupação na sociedade, visto que todo o ser humano deve ser tratado de maneira digna e respeitosa,

---

[10] Art. 226. A família, base da sociedade, tem especial proteção do Estado. § 7° Fundado nos princípios da dignidade da pessoa humana e da paternidade responsável, o planejamento familiar é livre decisão do casal, competindo ao Estado propiciar recursos educacionais e científicos para o exercício desse direito, vedada qualquer forma coercitiva por parte de instituições oficiais ou privadas.

[11] Art. 227. É dever da família, da sociedade e do Estado assegurar à criança, ao adolescente e ao jovem, com absoluta prioridade, o direito à vida, à saúde, à alimentação, à educação, ao lazer, à profissionalização, à cultura, à dignidade, ao respeito, à liberdade e à convivência familiar e comunitária, além de colocá-los a salvo de toda forma de negligência, discriminação, exploração, violência, crueldade e opressão.

[12] Art. 230. A família, a sociedade e o Estado têm o dever de amparar as pessoas idosas, assegurando sua participação na comunidade, defendendo sua dignidade e bem-estar e garantindo-lhes o direito à vida. § 1° Os programas de amparo aos idosos serão executados preferencialmente em seus lares. § 2° Aos maiores de sessenta e cinco anos é garantida a gratuidade dos transportes coletivos urbanos.

independentemente qual ação tenha praticado.

Reflexões sobre o ultraje aos direitos fundamentais do preso

A pena de prisão se mostra ineficaz no seu objetivo de ressocialização. Como afirma Foucault (2019, p. 216), a ineficácia se torna uma questão histórica. A prisão deveria se tornar um instrumento tão aperfeiçoado quanto a escola, a caserna ou o hospital, mas este fracasso se tornou imediato e desde 1820 a ressocialização não se efetiva e ao contrário o indivíduo se torna pior do que quando entrou.

Desta maneira, a prisão não dispõe de uma aparelhagem eficaz sendo remetida a um antro de criminalidade. Scarpini (2007, p. 307) revela que a humilhação expõe a existência de uma "crueldade oficializada" presente nas instancias prisionais.

O apenado possui Direitos presentes na Constituição Federal e na Lei de Execuções Penais (LEP). Tais direitos se fundamentam em viver de forma digna dentro do complexo carcerário a fim de ajudar a reingressar a sociedade e não reincidir na vida criminosa. A afronta aos princípios fundamentais sucede, justamente, quando o Estado não presta o mínimo para que tais instrumentos sejam efetivados.

Sobre o apenado, a Constituição Federal expõe no artigo 5, inciso III a vedação ao tratamento degradante ou desumano[13]; no inciso XLV impossibilita as penas passarem da pessoa do apenado[14]; no XVLI possibilita a individualização da

---

[13] Art. 5º Todos são iguais perante a lei, sem distinção de qualquer natureza, garantindo-se aos brasileiros e aos estrangeiros residentes no País a inviolabilidade do direito à vida, à liberdade, à igualdade, à segurança e à propriedade, nos termos seguintes: III - ninguém será submetido a tortura nem a tratamento desumano ou degradante;

[14] XLV - nenhuma pena passará da pessoa do condenado, podendo a obrigação de reparar o dano e a decretação do perdimento de bens ser,

pena[15]; no inciso XLVIII estipula-se que o comprimento de penas deve ser cumprido em estabelecimentos diferenciados de acordo com a natureza do delito, sexo e idade[16]; no inciso XLIX diz respeito a integridade física e moral do preso[17]; no inciso LIII, analisa que o julgamento do acusado seja realizado por autoridade competente[18] e no início LVIII a presunção de inocência até o transito em julgado[19].

O colapso prisional e a não garantia de seus direitos se iniciam desde o momento que o apenado ingressa na prisão. O Estado, caminhando contra à democracia e ultrajando direitos constitucionais, faz o preso se encontrar em uma situação inumana.

Scarpine (2007, p. 311) salienta que a condenação do preso ultrapassa os limites da pena. O presidiário é condenado a passar frio, fome, em cubículos lotados e contraindo doenças.

Outra realidade no complexo carcerário se encontra na superlotação carcerária. Pessôa e Lopes (2020, p. 86) afirmam que a superpopulação é um dos principais problemas encontrados nos presídios brasileiros. O contato com pessoas em ambientes fechados, favorece a tuberculose, Aids, a violência e a não recuperação do preso.

---

nos termos da lei, estendidas aos sucessores e contra eles executadas, até o limite do valor do patrimônio transferido;

[15] LVI - a lei regulará a individualização da pena e adotará, entre outras, as seguintes: a) privação ou restrição da liberdade; b) perda de bens; c) multa; d) prestação social alternativa; e) suspensão ou interdição de direitos;

[16] XLVIII - a pena será cumprida em estabelecimentos distintos, de acordo com a natureza do delito, a idade e o sexo do apenado;

[17] [17] XLIX - é assegurado aos presos o respeito à integridade física e moral;

[18] LIII - ninguém será processado nem sentenciado senão pela autoridade competente;

[19] LVIII - o civilmente identificado não será submetido a identificação criminal, salvo nas hipóteses previstas em lei;

Deve-se ter uma atenção maior quanto às doenças. No quesito saúde, o apenado tem seus direitos garantidos pela Lei de Execução Penal (LEP). O artigo 14°, expõe que o encarcerado tem direito à assistência médica, farmacêutica e curativa.

No parágrafo 2°, caso a instância prisional não possua a aparelhagem necessária para este fim, deve o apenado ser encaminhado para um lugar competente mediante a autorização do estabelecimento; e no parágrafo 3° informa que deve haver acompanhamento médico em períodos de pré-natal e pós parto a mulheres e tratamento extensivo ao recém-nascido[20].

Porém, a assistência médica prevista em lei não é alcançada. Muitos fatores coadunam e consequentemente fazem com que o preso saia da prisão doente. Fernandes e Righetto (2013, p. 124) expõem que o favorecimento da alta incidência de doenças dentro do cárcere são causados pelo estresse, condições insalubres e a superlotação. Dessa forma, a prisão transforma-se em um ambiente insalubre na qual não se possui um respaldo médico, o que traz uma desconformidade, mormente, em relação aos direitos fundamentais.

Considerações finais

A partir dos dados apresentados, entende-se que o desrespeito ao preso e aos seus direitos é uma

---

[20] Art. 14. A assistência à saúde do preso e do internado de caráter preventivo e curativo, compreenderá atendimento médico, farmacêutico e odontológico.

§ 2° Quando o estabelecimento penal não estiver aparelhado para prover a assistência médica necessária, esta será prestada em outro local, mediante autorização da direção do estabelecimento.

§ 3º Será assegurado acompanhamento médico à mulher, principalmente no pré-natal e no pós-parto, extensivo ao recém-nascido. (Incluído pela Lei n° 11.942, de 2009).

realidade no Brasil. Estando-se em um Estado democrático de Direito é imprescindível a garantia de Direitos Fundamentais para todos os cidadãos.

Condições insalubres, superlotação, má alimentação, etc. são uma das principais calamidades que afligem os presos dentro do cárcere. Tais questões fazem com que haja a proliferação de doenças e o tratamento garantido pela Constituição Federal e pela Lei de Execução Penal (LEP) acabam sendo, diametralmente, comprometidos.

Esse desrespeito ao mínimo digno faz com que a instância prisional se torne um ambiente nocivo a vida. Faz-se imprescindível a viabilização de uma política execucional coerente e estratégias sociais e públicas para garantir o devido respeito aos direitos solapados.

Por derradeiro, é premente que se atente para as questões concernentes à execução penal e que políticas execucionais sejam viabilizadas para a proteção das balizas constitucionais e, sobretudo, para a eficácia dos direitos fundamentais na questão prisional.

Referências bibliográficas

ASSIS, R. D. de: **"A Realidade Atual Do Sistema Penitenciário Brasileiro"** Revista CEI, Brasileira, Ano XI, n. 39, p.74-78, out/dez, 2007.

BITENCOURT, C. R.: **"Tratado de direito penal: parte geral"** v. 1 – 25. Ed. – São Paulo: Saraiva Educação, 2019.

CHAZKEL, A.: **"Uma perigosíssima lição: a casa de detenção do Rio de Janeiro na Primeira República"**. In: **"História das Prisões no Brasil Volume II"**. MAIA, C. N; NETO, F.S. COSTA, M. BRETAS, M. L. (Orgs.), Rio de Janeiro: Rocco, 2009.

D"OLIVEIRA, H. R. F.: **"A história do direito penal brasileiro"** Periódico Cientifico Projeção, Direito e Sociedade. V. 5, N. 2 p. 30-38, dezembro, 2014.

FERNANDES, B. R.; RIGHETTO, L. E. C.: **"O Sistema Carcerário Brasileiro"** Revista Eletrônica de Iniciação Cientifica. Itajaí, Centro de Ciências Sociais e jurídicas da UNIVALI. V. 4, N. 3, p.115-135. 3° trimestre de 2013. Disponível em: www.univali.br/ricc - ISSN 2236-5044.

HESSE, K.: **Temas Fundamentais do Direito Constitucional**. Tradução Carlos dos Santos Almeida. São Paulo: Saraiva, 2009.

FOCAULT, M.: **"Vigiar e punir: nascimento da prisão"**; trad. Raquel Ramalhante. 42. Ed. Petrópolis, RJ: Vozes, 2014.

______________: **" Microfísica do poder"**. Org, Int., e Ver. Roberto Machado. -9° ed. – Rio de Janeiro/ São Paulo: Paz e Terra, 2019.

GUERRA, S.: **"Direitos Humanos: curso elementar"**. -5.ed.- São Paulo: Saraiva, 2017.

KANT, I.: **"A fundamentação da Metafísica dos Costumes"**. Lisboa, Portugal: Edições 70, 2011.

KIRST, C. P.: **"O principio da dignidade humana frente ao sistema prisional brasileiro: graves omissões e contradições em relação a legislação vigente"**. Revista Destaques Acadêmicos, Ano 2, N. 2, 2010 – Cch/UNIVATES.

MENDES, G. F.: **"A dignidade da pessoa humana na Constituição Federa de 1988 e sua aplicação pelo Supremo Tribunal Federal"**. Observatório da Jurisdição Constitucional. Ano 6, no. 2, jul./dez. 2013. ISSN 1982-4564.

PESSÔA, U.; LOPES, J. J. R.:**"Discussões críticas acerca da superpopulação carcerária como fator preponderante para a não ressocialização do** criminoso". In: Ulisses Pessôa. (Org.). **"Angústias sobre o cárcere"**. 1ed.Belo Horizonte: Editar, 2020, v. 1, p. 73-89.

RIDEEL EDITORA: **"Vade Mecum Compacto de Direito Rideel"**. -16° ed.- São Paulo: Rideel, 2018.

SANT'ANNA, M. A.: **"A Casa de Correção do Rio de Janeiro: Projetos reformadores e as condições da realidade carcerária no Brasil do século XIX."** ANPUH -XXIII SIMPÓSIO NACIONAL DE HISTÓRIA – Londrina, 2005.

SCARPINI, M. A. B.: **"Execução Penal: Controle da Legalidade"**. In CARVALHO, S. de (Coord.) **Critica à execução Penal**. Rio de Janeiro: Lúmen Juris, 2007. P. 307-318.

SILVA, Q. L. D. O.; PÌTSICA, H. N. P.: **"Os Direitos Fundamentais e a Dignidade da Pessoa Humana na Constituição da República Federativa do Brasil de 1988"**. REVISTA DA ESMESC, v.25, n.31, p.41-69, 2018. DOI: http://dx.doi.org/10.14295/revistadaesmesc.vv25i31.41

TONIAL, N. R. G.: **"Direitos humanos: a dignidade da pessoa humana como valor maior do sistema jurídico"**. Justiça do Direito. V., n.1, 2008 – p.48-65.

DIREITO DE TENTAR: UMA FORMA HUMANIZADA DE DAR ESPERANÇA PARA AS PESSOAS.

José Matheus Antunes Ribeiro de Oliveira[1]

Ulisses Pessôa[2]

---

1 Mestrando em Novos direitos e Direitos Fundamentais pela Universidade Estácio de Sá.; Pós-Graduando em Ciências Criminais e Segurança Pública pela Universidade do Estado do Rio de Janeiro; Graduando em direito pelo Centro Universitário Augusto Motta; Coordenador do Projeto Lutando por Vidas; Integrante do grupo de pesquisa Sociedade Globalizada e Sistema Penal; Professor de Processo Penal e Prática Penal na Faculdade Internacional Signorelli.

2 Doutor em Direito pela UNESA/RJ (Bolsista integral pela CAPES); Mestre em Direito pela UNESA/RJ (Bolsista integral pela CAPES); Especialista em Direito Penal e Processo Penal; Professor de Direito Penal e Processo Penal da FGV LAW – Program; Professor de Direito Penal e Processo Penal da Escola da Magistratura do Estado do Rio de Janeiro (EMERJ); Professor da Pós-graduação da Universidade Estadual do Rio de Janeiro (UERJ); Professor de Direito Penal da graduação da UNESA e UNISUAM; Coordenador do Grupo de Pesquisa Sociedade Globalizada e Sistema Penal (SGSP);Psicanalista em formação pelo Corpo Freudiano – Escola de Psicanálise; Advogado criminalista; e-mail: ulissespessoadossantos@gmail.com

Considerações iniciais

Com a evolução natural da ferramenta social que é o direito verifica-se novos institutos que começam a surgir através de julgados e de posicionamentos legislativos dos estados, com esta afirmação verifica-se o surgimento do direito de tentar precipuamente nos Estados Unidos como forma de garantir a utilização de medicamentos experimentais, e que possuem probabilidade de êxito em pacientes em estado terminal de doenças incuráveis.

Diante deste quadro inicial é necessário elencar também a possibilidade de analisar o direito de tentar sob um prisma de esperança, para a pessoa que se encontra em estado final de vida, tenha minimamente algum momento de alento em tempos de ampla dificuldade emocional em virtude do seu quadro debilitado. Neste quadro surge o direito de tentar como uma ramificação dos já consagrados Direitos Humanos.

Posto isso é necessário entender o conceito de direito de tentar e seu surgimento nos Estados Unidos com o *"Right to try"*, com leis aprovadas pelo congresso americano que retira a necessidade de liberação por parte da agência sanitária norte-americana de remédios ou tratamentos em fases experimentais. Além dessa análise em outros países é crucial análise do comportamento de normas em território brasileiro sobre determinado assunto, e como a ANVISA se comporta em relação a esse conteúdo.

Por derradeiro ponto é crucial a análise comportamental do Supremo Tribunal Federal através de julgados dessa disciplina, sobretudo no Recurso Extraordinário número 657.518 que em um caso prático fixou as regras para utilização de medicamento em pacientes em estado terminal.

Definição do direito de tentar e a sua relação com a esperança no plano emocional do indivíduo e sua efetivação como direito humano.

O direito de tentar é uma expressão cunhada nos Estados Unidos, traduzido de *"Right to try"* que vem recebendo maior utilização nos últimos anos, no qual se refere a leis estaduais, sobretudo nos Estados Unidos da América, que permitem a utilização de medicamentos em doentes terminais. Este grupo recebe terapias experimentais, que em linhas gerais, refere-se a medicamentes não liberados pela agência sanitária estadunidense A Food and Drug Administration (FDA).

Antes de se aprofundar em questões legais e que circularão todo o contexto do artigo é imperioso analisar o conceito de direito de tentar traçando-se um paralelo com um elemento muito importante, qual seja, a esperança.

O ponto nefrálgico da existência do direito de tentar é o exercício no campo emocional do indivíduo, que acredita que realmente o dito medicamento possa curá-lo da enfermidade em questão, isto porque não seria crível existir "direito de tentar" caso não há esperança. É importante destacar, portanto, que a esperança é elemento objetivo dentro do direito de tentar.

A palavra esperança, segundo o dicionário, significa a "disposição do espírito que induz a esperar a realização de coisa desejada" (CARVALHO; PEIXOTO, 1971, p.432). Mas o termo esperança parece ser algo maior que a simples espera da realização da coisa desejada.

Para destacar a importância da esperança, é destacado a seguir o pensamento de Pachá (2019) apesar dos trágicos acontecimentos, chegamos ao fim de mais uma volta em torno do astro-rei, e como seres dos ritos e dos símbolos, para não sucumbir ao pessimismo e à indignação que paralisam, temos direito de renovar nossos desejos e sonhos.

A esperança pode ser vista em vários ramos da vida social da pessoal, pode-se citar inicialmente o campo religioso e que de acordo com a Bíblia, a esperança é uma das três virtudes teologais, conforme é possível comprovar em 1 Coríntios 13:13: *"Assim, permanecem agora estes três: a fé, a esperança e o amor. O maior deles, porém, é o amor."*

Já no campo social e científico, pode-se citar a forte influência do filosófico Feuerbach[3], que expressa de maneira bem cristalina o sentido de que a esperança é a "satisfação imediata, absoluta e ilimitada de todos os nossos desejos subjetivos".

---

3   Ludwig   Andreas   Feuerbach (Landshut, 28   de   julho de 1804 — Rechenberg, Nuremberg, 13 de setembro de 1872) foi um filósofo alemão. Feuerbach é reconhecido pelo ateísmo humanista e pela influência que o seu pensamento exerce sobre Karl Marx.

O que se verificou neste ponto é que embora o direito de tentar seja um novo instituto do direito, ele guarda sintonia com o âmago pessoal de cada indivíduo em acreditar que o tratamento experimental possa resultar em uma melhora do quadro clínico.

É imperioso ressaltar que a esperança de melhorar esteja também sustentada pela chance efetiva de melhora do quadro clínico do indivíduo, de forma mais específica, com chances reais científicas e demonstradas, isto porque, para a utilização de tal medicamento, o mínimo de garantia de êxito deve estar presente, sendo o contrário, não há que se falar em esperança de algo que se sabe que não gerará resultados satisfatórios.

O direito de tentar e sua existência no campo dos direitos humanos.

O que se usualmente se estabeleceu chamar de direitos humanos são claramente os direitos inerentes à dignidade dos seres humanos. São direitos que estão no nosso interior não porque o Estado assim decidiu em razão de suas previsões normativas ou porque nós mesmos assim o fizemos através nossos acordos. Por mais que seja óbvio, direitos humanos existem, somente pelo fato de existir os seres humanos.

É oportuno ressaltar que a história dos direitos humanos, pode ser compreendida em 03 fases, dividindo-se no direito dos homens nas teorias filosóficas, as declarações de direitos e a declaração de 1948.

De maneira a evitar-se tornar prolixo o presente artigo, será direcionada todo o pensamento para a terceira fase dos direitos humanos. Como terceira fase da utilização dos direitos humanos em um aspecto macro (universalização dos direitos humanos), pode-se observar a criação da declaração dos direitos humanos, no ano de 1948.

Frisa-se que esta declaração é considerada universal porque alcança todos os homens independente de raça, cor, religião, orientação sexual, etnia, país.

O surgimento da importante declaração dos direitos humanos foi vital naquele momento, haja vista que toda a comunidade global saia e tomava conhecimento das atrocidades ocorridas em especial sob o comando hipnótico de Hitler.

A partir de toda explanação do conceito histórico de direitos humanos é imperioso demonstrar que o direito de tentar se encaixa perfeitamente nesta categoria fundamental de direitos, isto por inicialmente deve-se pontuar que a condição que o paciente encontra de fragilidade não pode servir como mitigação da sua autonomia, em relação ao seu tratamento.

Retomando-se anteriormente o posicionamento universal dos direitos humanos há ainda a necessidade de ser citada a vasta área que se destina a grupos marginalizados, como povos indígenas, refugiados, pobres e doentes que nestes casos recebem um tratamento especial por parte da ONU, podendo citar a Declaração e Programa de Ação de Viena que impõem aos Estados a obrigação de criar e manter medidas para a proteção dos direitos dos grupos marginalizados (UNITES NATIONS, 2017).

Como pode se verificar, o campo internacional na figura de organismos internacionais se posiciona favorável a proteção integral de grupos marginalizados, sendo pacientes em estados terminais presentes nestas categorias.

Sob tal pensamento de indivíduos em estado terminal e a possibilidade de alcançar a manipulação de medicamentos em fases experimentais, vale o posicionamento de Andorno, (2016) dessa maneira, os precisos direitos humanos, através de normativas e órgãos que realizam monitoramento, tem como base a diferença em tratamento de pessoas que são mais vulneráveis ao abuso dos poderes e discriminação, o que não lhes confere uma posição mais privilegiada, na medida em que o tratamento diferencial objetivo tão somente que possam usufruir os mesmos direitos.

Aplicação do "right to try" no ordenamento jurídico americano.

Nesta esteira de pensamento, vale ressaltar que o estado do Colorado, no período de maio de 2014 foi o primeiro estado a permitir através de um texto legal a utilização do medicamento em caráter experimental em pessoas com doenças terminais.

Frisa-se que antes desta nova lei haviam julgados permitindo a utilização do medicamento nestas hipóteses, porém somente através dessa lei no Colorado o poder legislativo se posicionou sobre o assunto de maneira categórica.

Insta acrescentar que após esse pioneirismo do estado do Colorado, outros 37[4] estados tiveram criadas lei com redações semelhantes ou estão com processos legislativos em fase final para promulgação.

Por mais que os Estados Unidos seja uma federação, com Estados com grau de subordinação reduzido, verifica-se que esse posicionamento se amolda com posicionamento da recente lei aprovada pelo Presidente da República Donald Trump.

A referida lei federal assinada pelo Presidente Trump, torna dispensável a liberação do medicamento ou tratamento pela FDA. É importante mencionar que até a promulgação da lei, através de uma carta direcionada ao presidente do Congresso, Paul Ryan, a líder democrata Nancy Pelosi disse que remover a FDA do processo de aprovação "provavelmente faria mais mal do que bem".

No que se refere a criação de leis nos EUA sob esse mesmo assunto, vale adicionar o pensamento de Adriance (2014), que trabalha em seu artigo que a lei estadual tem missão precípua de garantir o tratamento de forma experimental para o paciente que se encontra em estado terminal, que além de proteger as pessoas que vivem no estado em sim, tem a missão de alcançar pouco a pouco o patamar federal para garantir os referidos medicamentos.

A base jurídica nas redações destas normas, estão no sentido de que somente podem ser prescritas para os referidos pacientes, os medicamentos que tenham passado pela fase I.

Esta fase consiste na utilização da droga em um pequeno grupo de pessoas voluntárias e sadias. Nesta etapa se verifica estabelecer uma segurança na evolução da utilização do fármaco, como, por exemplo, menor dose oferecida e êxito no resultado alcançado.

---

4 Alabama, Arizona, Arkansas, Califórnia, Colorado, Connecticut, Flórida, Geórgia, Idaho, Illinois, Indiana, Iowa, Kentucky, Louisiana, Maine, Maryland, Michigan, Minnesota, Mississippi, Missouri, Montana, Nevada, New Hampshire, Carolina do Norte, Dakota do Norte, Ohio, Oklahoma, Oregon,

Aplicação do direito de tentar no brasil através da portaria da anvisa.

Na questão envolvendo o Estado brasileiro, verifica-se que não existe no ordenamento jurídico de maneira estrita qualquer matéria sobre o assunto. O que se verifica em âmbito nacional de similaridade com as leis dos Estados Americanos apresentados no capítulo anterior, é a resolução número 38, do ano de 2013 do Ministério da Saúde, realizada pela sua autarquia ANVISA.

Diante da ausência de leis nesse sentido será necessário analisar de maneira objetiva a resolução ora supracitada para analisar suas peculiaridades no Estado Brasileiro.

O ponto mais relevante apresentado na resolução 38 da ANVISA é utilização dos medicamentos, e sua forma de utilização em decorrência da fase experimental que o fármaco se encontra.

Vale ressaltar que para acesso ao medicamento de uso expansivo, a substância deverá estar na terceira fase de ensaios. Para melhor elucidação do artigo, é retirado do portal da Anvisa, a definição de uso expansivo.

O uso expansivo é relacionado ao acesso de pacientes portadores de doenças raras e medicamentos que estão em fase de desenvolvimento, e portanto, sem qualquer registro no mundo.

Nesta condição é introduzida nos estudos que estão presentes na fase 03 (última etapa de testes) e deve beneficiar uma coletividade de pacientes, com o aval da Anvisa. Assim sendo, trata-se de um pedido de acesso a um produto farmacêutico em desenvolvimento, sem que o paciente faça parte do grupo de indivíduos pesquisados.

Em relação ao uso compassivo dos fármacos, sua utilização ocorre em qualquer fase da pesquisa, sendo necessário apenas a demonstração através de testes clínicos a segurança e quantidade toxicológica para o ser humano. De maneira reiterada, é exposto a seguir de maneira precisa a definição, segundo a ANVISA, do que venha a ser a utilização do medicamento de maneira compassiva.

Na visão da ANVISA, o uso compassivo é caracterizado por ser uma demanda individual. Neste caso a disponibilização de medicamento novo promissor, que está em fase de desenvolvimento, ainda sem o devido registro na ANVISA, destinado ao uso pessoal do paciente que não integram o programa de acessos expandido ou de pesquisa clínica.

Este tipo de medicamento é direcionado a portadores de doenças debilitantes graves e/ou que estão sob sério risco de ameaça e sem alternativas terapêuticas satisfatória com produtos registrados no país. Para tanto, é necessário que exista um parecer técnico de um médico para indicar o uso do medicamento.

Urge salientar que o paciente que atender todos os requisitos para a utilização do tratamento de maneira compassiva poderá requerer junto a autoridade sanitária federal, a utilização de tais medicamentos. O ponto cerne desta utilização é que as despesas oriundas da utilização destes medicamentos são totalmente do paciente.

A questão trazida no parágrafo anterior guarda um importante problema, que teve decisão recente do Supremo Tribunal Federal, através do Recurso Extraordinário número 657.718 e que vai ser alvo de questionamentos em capítulos posteriores. Trata-se do pagamento através do SUS (Sistema Único de Saúde) para pacientes hipossuficientes que não possuem condições financeiras de arcar com o alto custos, em regra, destes medicamentos.

O recurso extraordinário número 657.718 e a possibilidade do direito de tentar como exceção.

Inicialmente deve-se trazer a baila o histórico do caso envolvendo o presente processo, para que seja observado a possibilidade de utilização do direito de tentar como instrumento hábil de efetivação dos direitos humanos.

O recurso extraordinário foi interposto por uma senhora em face do Estado de Minas Gerais. Ela discordou do acórdão no qual constava o seguinte trecho "se o medicamento indicado pelo médico não possui registro na ANVISA, não há como exigir que o Estado o forneça, já que proibida a sua comercialização".

O plenário do Supremo Tribunal Federal começou a julgar o caso em 2016. Naquele momento, o relator, ministro Marco Aurélio, negou provimento ao recurso, ao afirmar que o Estado em momento algum está obrigado a fornecer fármacos não registrados na agência reguladora.

De maneira diferente, se posicionou o Ilustre Ministro Barroso, ao julgar procedente em parte o pedido feito pela recorrente, tendo em vista que naquele momento, o referido fármaco foi registrado pela ANVISA e disponibilizado pelo SUS de maneira gratuita.

De forma lamentosa, o relator do presente processo, julgou extinto o recurso extraordinário em decorrência do falecimento da recorrente, não se sabe de forma precisa se a demora jurisdicional ocasionou o lamentoso óbito desta senhora, ou melhor, se a liberação do medicamento já tivesse ocorrido poderia ter evitado este fim.

Todavia a Defensoria Pública da União interpôs agravo regimental por entender que está presente a repercussão geral. O defensor público Gustavo de Almeida Ribeiro pautou seus argumentos, tendo em vista que a matéria ultrapassa o mero interesse das partes, sendo importante realizar a análise da matéria. Ademais, saúde é um ponto bem urgente, pelo que qualquer demora injustificada poderá ocorrer o mesmo desfecho ocorrido neste caso. (...) Interessa a todos os que necessitam de fármacos a rápida solução dos feitos, para que ao final possa ser alcançado de forma mais positiva.

De forma reduzida e objetiva, com a retomada da seção, o plenário do STF se posicionou em linhas gerais da seguinte forma: (1) Não há possibilidade de concessão judicial de medicamento experimental; (2) A ausência de registro proíbe, como regra, a dispensa do medicamento por decisão judicial; (3) É possível, excepcionalmente, justificar a concessão judicial de medicamentos sem registro sanitário. Os 3 posicionamentos anteriores correspondem aos votos dos Ministros no plenário, o que fica visível deste quadro é dificuldade da matéria analisada, no qual houve 03 (três) linhas argumentativas diferentes.

Em relação a excepcionalidade prevista no item três, do parágrafo anterior, para estar presente a concessão judicial de medicamentos sem registro sanitário, deverá o prazo previsto na lei 13.411/2016[5] ter sido ultrapassado de maneira irrazoável.

---

5 Altera a Lei nº 6.360, de 23 de setembro de 1976, que dispõe sobre a vigilância sanitária a que ficam sujeitos os medicamentos, as drogas, os insumos farmacêuticos e correlatos, cosméticos, saneantes e outros produtos, e dá outras providências, e a Lei nº 9.782, de 26 de janeiro de 1999, que define o Sistema Nacional de Vigilância Sanitária, cria a Agência Nacional de Vigilância Sanitária, e dá outras providências, para dar transparência e

Após o julgamento o plenário decidiu que deve estar presente as 03 (três) hipóteses a seguir, (i) a existência de pedido de registro do medicamento no Brasil (salvo no caso de medicamentos órfãos para doenças raras e ultrarraras);(ii) a existência de registro do medicamento em renomadas agências de regulação no exterior; e (iii) a inexistência de substituto terapêutico com registro no Brasil, para o indivíduo ter direito a utilização do fármaco.

Diante deste cenário, retira-se o seguinte questionamento, seria o direito de tentar, uma causa excepcionalíssima para não se analisar os três requisitos analisados anteriormente[6], isto porque se trata de um dos ramos dos fundamentais Direitos Humanos e se também deveria ser de responsabilidade o pagamento de medicamentos de uso expansivo por parte do SUS.

O direito de tentar como excepcionalidade aos requisitos objetivos decididos pelo supremo tribunal federal.

De maneira exaustiva foi explicado o direito de tentar como ferramenta nova no direito brasileiro e seu uso não pode ser ignorado face a todos os avanços judiciais internacionais.

Para destacar o pensamento anterior, vale citar a Suprema Corte da Colômbia que se também se posicionou recentemente sobre o tema, em fevereiro de 2015, referindo se a um *"derecho a que sea intentado"* ou *"Right to try"*, considerando este um direito ligado a dignidade humana, que possibilita o acesso a todas as possibilidades científicas existentes, inclusive as de caráter experimental, para casos extremos em que parece não haver outra escolha, que de recuperação ou impedir a morte certa do paciente. Sua vigência, estende-se, mutatis mutandis ao caso de pacientes em

---

previsibilidade ao processo de concessão e renovação de registro de medicamento e de alteração pós-registro.

6 (i) a existência de pedido de registro do medicamento no Brasil (salvo no caso de medicamentos órfãos para doenças raras e ultrarraras);(ii) a existência de registro do medicamento em renomadas agências de regulação no exterior; e (iii) a inexistência de substituto terapêutico com registro no Brasil, para o indivíduo ter direito a utilização do fármaco.

estado vegetativo persistente ou consciência mínima.[7]

É nítido portanto uma preocupação dos países com o tema em questão, e devido ao posicionamento progressista do poder legislativo norte-americano, bem como a Suprema Corte da Colômbia se precisa rever o posicionamento do Supremo Tribunal Federal em questões dessa complexidade.

Nesta mesma seara de pensamentos, entender o "direito de tentar" como forma de direitos humanos garante ao plenário do STF e ao poder legislativo a possibilidade de efetivação de normas que estão sendo utilizadas em todo o mundo para esperança e consequentemente a vida.

Ainda nesse contexto a utilização do termo "direitos humanos" foi utilizado no item 1.2 do presente artigo de maneira proposital, tendo em vista o caráter universalíssimo dessa matéria sendo crucial trazer à baila o pensamento categórico de Canotilho (1993) que a expressão "direitos humanos" e "direitos fundamentais" são de modo corriqueira utilizadas como sinônimos. Conforme a origem das expressões podemos diferenciar os Direitos Humanos são direitos válidos para todos os povos e em todas os tempos (dimensão junaturalista-universalistas) e direitos fundamentais são direitos humanos, jurídico institucionalmente garantidos e limitados espacio-temporalmente.

Há necessidade de considerar o direito de tentar um direito humano, e consequentemente a excepcionalidade em virtude desse caráter humanitário em contraponto as regras fixadas pelo STF no Recurso Extraordinário supracitado anteriormente, isso porque está presente inclusive o princípio a vida, conforme o preciso posicionamento de Albuquerque (2016) o direito à vida, integrante peremptório dos Direitos Humanos dos pacientes, está umbilicalmente ligada com a segurança e o direito do paciente aos cuidados em saúde de emergência. Assim, a segurança do paciente deve ser a primeira preocupação dos

---

7   Sentencia   T-   057/15.   Disponível   em: http://www.corteconstitucional.gov.co/relatoria/2015/t-057-15.html. Acesso em: 05 maio 2019.

pacientes, familiares e profissionais de saúde, pois há que coibir que danos evitáveis ocorram ao paciente, principalmente a sua morte, em resultado dos cuidados e saúde.

O direito a saúde como fator favorável a utilização do direito de tentar para compelir o sus de realizar o custeio de medicamentos em fase experimental que serão utilizados de maneira compassiva.

Do ponto inicial têm se a necessidade de conceituar o que vêm a ser saúde, para em momento posterior compreender o que seja efetivamente o direito a saúde. A Organização Mundial de Saúde (OMS) define *saúde* não apenas como a ausência de doença, mas como a situação de perfeito bem-estar físico, mental e social.

Uma das formas de traçar o real significado de saúde partiu do filósofo americano Cristopher Boorse. Com base em uma epistemologia naturalista, Boorse cria um significado negativo da saúde, acrescentando também como ausência de doença: "A saúde de um organismo consiste no desempenho da função natural de cada parte" (Boorse apud Almeida Filho & Jucá, 2002: 881).

De forma mais moderna, inúmeros pensadores têm criticado a conceituação negativa de saúde. Para Almeida Filho e Andrade (2003: 101), "em uma perspectiva rigorosamente clínica (...) a saúde não é o oposto lógico da doença e, por isso, não poderá de modo algum ser definido como 'ausência de doença'. (...) os estados individuais de saúde não são excludentes vis a vis a ocorrência de doença".

Após a análise do conceito analítico de saúde, vale permear o campo do direito à saúde, que pode ser entendido como o acesso do indivíduo a meios que garantem bem-estar físico, mental e social.

Note-se que esse acesso do indivíduo a saúde possui uma importância absoluta, o que pode ser verificado em casos quando é necessário a utilização de derivados da cannabis, que é expressamente vetado por portarias da ANVISA, sob pena de incorrer em delito de tráfico, artigo 33 da lei 11.343/2006, caso não possua a outorga judicial.

Assim sendo, é cristalino que o direito a saúde está presente no Sistema Único de Saúde, sendo inviável, pensar a contrário sensu, a problemática ocorre quando é necessário que qualquer tratamento ou medicamento seja anteriormente incorporado pelo SUS, através da Comissão Nacional de Incorporação de Tecnologias no SUS (CONITEC).[8]

Considerações finais

Observou-se inicialmente com o presente artigo, a crucial importância de se analisar o novíssimo direito de tentar sob o prisma da esperança das pessoas que se encontram em estado terminal, devido a doenças no qual a medicina encontra barreiras científicas, tendo somente medicamentos em fases experimentais.

A partir desse ponto surge o "direito de tentar" com raízes nos Estados Unidos, que já possuía em julgados anteriores a previsão deste "direito", porém conta também com avanços reais no que tange atos legislativos espelhados em lei aprovados por estados americanos e no senado.

É salutar também adentrar com o direito de tentar no campo dos direitos humanos, com eficácia universal e inviolável.

É imperioso, por ser o foco do trabalho detalhar o funcionamento prático do "direito de tentar" no campo de estudo no Brasil, sobretudo através da única matéria normativa do assunto, qual seja, resolução número 38 da ANVISA que disciplina a matéria.

Frisa-se que essa resolução encontra pontos amplamente inconstitucionais, como por exemplo a cobrança para os pacientes dos fármacos que utilizarão de maneira compassiva, ou seja, somente com a aprovação na fase 01 e que deverá ser realizada a suas expensas, e que conforme decidido no RExt número 657.718 o poder público não poderá pagar na figura do SUS medicamentos que estejam em fase final e que não tenham sido liberados pela ANVISA.

Este posicionamento é de um grau elevado de *"maquevialidade"* , isto porque torna o individuo abastado

---

8 criada pela Lei n° 12.401, de 28 de abril de 2011 , que dispõe sobre a assistência terapêutica e a incorporação de tecnologia em saúde no âmbito do Sistema Único de Saúde (SUS), é um Órgão colegiado de caráter permanente, integrante da estrutura regimental do Ministério da Saúde, tem por objetivo assessorar o Ministério nas atribuições relativas à incorporação, exclusão ou alteração pelo SUS de tecnologias em saúde, bem como na constituição ou alteração de protocolos clínicos e diretrizes terapêuticas.

financeiramente um potencial e consumidor do direito de tentar e torna a pessoa hipossuficiente um marginalizado desse novo direito, ou melhor, ocorre uma seletividade dos direitos humanos, como cotidianamente se verifica em outros ramos do direito.

Outro ponto bastante peculiar é as restrições apontadas pelo STF, ocorre que pelo já mencionado recurso extraordinário 657.718 apreciado pelo plenário do Supremo Tribunal Federal se colocou inúmeras restrições a utilização do fármaco em fase experimental, e o que foi o propósito deste artigo, foi possibilitar o entendimento do direito de tentar como uma excepcionalidade a todos esses posicionamentos e garantir a autonomia do paciente em querer utilizar o medicamento da forma como bem escolher.

Referências bibliográficas

ALMEIDA FILHO, N. **O que é saúde?** Rio de Janeiro: Editora Fiocruz, 2011.

ADRIANCE, S. **Fighting for the "right to try" unapproved drugs: law as persuasion**. The Yale Law Journal. 04 dec. 2014. Disponível: www.yalelawjournal.org/forum/right-to-try-unapproveddrugs. Acesso em 10 de junho de 2020.

ALBUQUERQUE, A. **Direitos Humanos dos Pacientes**. Curitiba (PR): Juruá, 2016.

ANDORNO, R. **Is vulnerability the foundation of Human Rights?** In.:MASFERRER, ANICETO; GARCÍA-SÁNCHEZ, EMILIO (editors). Human dignity of the vulnerable in the age of rights. Valencia: Springer, 2016. p. 257-272.

Canotilho, J. **Direito Constitucional e teoria da constituição**.5.ed.Coimbre: Almedina, 1993. P.391.

CARVALHO, J.; PEIXOTO, V. **Dicionário da língua portuguesa**. 20. Ed. São Paulo: Cultural Brasil, 1972

FREITAS, T. **O uso de argumentos sobre verdade e esperança em campos científicos controversos:** um estudo sobre a veiculação de pesquisas com células-tronco na mídia. 2010. 180 f. Dissertação (Mestrado em Psicologia) - Pontifícia Universidade Católica de São Paulo, São Paulo, 2010.

LARANJEIRA, Ligia Nali, et. al. **Boas práticas clínicas: padrão de pesquisa clínica**. Rev Bras Hipertens, v. 14, n. 2, p. 121-123,

2007.
Pachá, Andréa. A vida não é justa.. 2019
WORLD MEDICAL ASSOCIATION. **Declaration of Helsinki**. 2008 [cited 2012 Oct.]. Disponível em: . Acesso em: 25 de junho de 2019

COLONIALISMO DIGITAL E ADVOCACIA EM RISCO

Simone Souza[1]
Fernando Gama de Miranda Netto[2]

---

[1] Doutoranda em Direito, Negócios e Instituições pela Universidade Federal Fluminense – UFF, Mestre em Sociologia e Direito pela Universidade Federal Fluminense - UFF, Especialista em Processo Civil pela Universidade Estácio de Sá. Pesquisadora do Laboratório Fluminense de Estudos Processuais – LAFEP, atuando na área de Inteligência Artificial e Processo. Membro da Associação Brasileira de Direito Processual - ABDPRO. Membro da Associação Nacional de Advogados de Direito Digital - ANADD. Associada do Instituto Nacional de Pesquisa e Promoção de Direitos Humanos - INPPDH. Professora celetista do Centro Universitário Augusto Motta na disciplina de Processo Civil. Experiência na área de Direito, com ênfase em Direito Processual Civil e Meios Adequados de Solução de Controvérsias.

[2] Doutor em Direito pela Universidade Gama Filho, com período de um ano de pesquisa na Deutsche Hochschule für Verwaltungswissenschaften de Speyer (Alemanha) e no Max-Planck-Institut (Heidelberg). Professor Associado do Departamento de Direito Processual da Universidade Federal Fluminense - UFF, Líder do Laboratório Fluminense de Estudos Processuais (UFF), Membro dos do Programas de Mestrado e Doutorado em Sociologia e Direito (PPGSD-UFF); e Direito, Instituições e Negócios (PPGSD-UFF).

Considerações iniciais

O artigo 5º da CRFB/88 traz, como premissa maior aos direitos fundamentais, a determinação de que todos são iguais perante a lei. Temos, por certo, desde então, a preocupação de, num país de desigualdades, permitirmos que as regras sejam aplicadas a todos de maneira igual.

Certo é que a igualdade ali apontada é relativizada pela mesma desigualdade que se pretendeu proteger, de forma que é preciso olhar sob dois prismas: a igualdade formal e a igualdade material, que implica tratar desigualmente os desiguais, no sentido de que seja possível, mediante proteção legal, equilibrar relações antagônicas. Motivo pelo qual é possível perceber e validar regras de proteção ao consumidor, ao idoso, à criança, ao índio, etc.

No ano de 2015 com a aprovação da Lei 13.105, que instituiu o atual Código de Processo Civil, houve uma verdadeira quebra de paradigma, notadamente por ter delineado um processo mais colaborativo, instituindo para tanto normas fundamentais a servirem de premissa para o processo como um todo, dentre elas o princípio da cooperação, da boa-fé, da paridade processual e a promoção da dignidade da pessoa humana.

Assim, para além da igualdade constitucional, aludiu o novo *códex* como norma fundamental o princípio da paridade processual, no sentido de que para atender ao devido processo legal deve ser observada a obrigatoriedade de se permitir às partes condições distintas, mas, que sejam passíveis de conceder àquele que se encontra em situação díspare, a permissão da prática de atos diferenciados com o fito de que as oportunidades se façam equilibradas, como é possível observar na permissiva da sustentação oral por vídeo conferência consoante dicção do artigo 385 § 3º, dentre outros que estabelecem a mesma condição.

Como se vê houve uma preocupação legislativa de se aplicar de forma efetiva um certo equilíbrio entre as relações jurídico processuais.

No cenário atual em que o uso de ferramentas tecnológicas

operadas por inteligência artificial vem ganhando cada vez mais destaque, novas preocupações surgem, e é preciso refletir de modo que possamos encontrar mecanismos quem tendam a minimizar os malefícios que o poder do capital, certamente, acarretará aos menos abastados.

Inteligência Artificial - IA: análise preditiva e jurimetria

O uso da inteligência artificial, a qual passaremos a denominar de IA, há algum tempo está em nosso cotidiano, ganhando cada vez novos espaços, notadamente com o aparecimento da Covid-19 que acelerou a virada tecnológica no direito (NUNES, 2020, p. 17). Não se trata mais de conhecer o direito, mas, de jogar com armas muito distintas da parte contrária, tornando díspare, excessivamente, as controvérsias judiciais.

Não mais estamos confrontando nossos pares, mas, uma inteligência notadamente superior em análise de dados, a permitir estratégias a partir de resultados que tendem a trazer indicativos que permitam conhecer possíveis decisões finais antes mesmo que a partida tenha iniciado.

Cumpre ressaltar que o presente artigo não intenciona criticar a evolução digital. Sem embargo, é preciso que a evolução ocorra de forma responsiva, mediante regulação e, sobretudo, de maneira a promover o acesso a todos.

Chatbots, Data Science, Machine Learning, Deep Learning, análise de perfis, de tendências, de classe econômica, são algumas das vantagens possíveis aos que detém o poder de adquirir sistemas de IA para uso no seu âmbito profissional. E não estamos a falar apenas escritórios de advocacia que já se encontram utilizando desses aparatos, também já é possível percebê-los em algumas instituições públicas (ROSA & GUASQUE, 2020, pp. 68-78).

A evolução chegou e não haverá como recuar do estágio que nos encontramos. O uso da tecnologia através da IA está inserido em nossas vidas e nas mais diversas áreas, inclusive nos tribunais, notadamente na busca de uma maior celeridade e diminuição do número alarmante de processos que temos.

O direito deixou de ser uma análise meramente jurídica com aspectos sociais, antropológicos, psicológicos, etc. Passa a ser uma atividade estratégica à qual a grande habilidade reside no saber analisar dados, gráficos estatísticos, indicativos, que vão apontar probabilidades como resultados de procedência ou improcedência em determinadas demandas, valores arbitrados para indenizações, motivos que embasaram as melhores ou piores soluções, perfis de entendimento de julgadores, e até mesmo palavras a serem utilizadas ou desprezadas na construção das peças processuais.

O importante passa a ser os dados (*Big Data*) que serão coletados para fins de desenvolvimento da jurimetria. A IA e a análise de dados estão afetando um número crescente de setores e o campo jurídico não está imune a isso. Além de tentar substituir juízes por algoritmos ou deixar que os juízes decidam o destino de certos criminosos , a IA também é usada na justiça preditiva.

Nas lições de *Aditya K Sood, Richard Enbody* (2014, p.13), a coleta de dados pode ser analisada em diferentes modos dos quais, a Inteligência de Código Aberto (OSINT), a Inteligência Cibernética (CYBINT) e a Inteligência Humana (HUMINT). OSINT é o processo de coleta de informações de recursos disponíveis publicamente (incluindo Internet e outros); CYBINT é o processo de obter explicitamente inteligência a partir de recursos disponíveis na Internet considerada um subconjunto de OSINT; e HUMINT é o processo de obter inteligência de humanos ou indivíduos, analisando respostas comportamentais através da interação direta. Para os autores, todas as modalidades podem ser usadas para fins legítimos e nefastos. Como ter controle dos dados coletados?

Analisar dados reais na busca de identificar problemas para encontrar possíveis soluções pode ser um excelente caminho de parceria entre o direito e a tecnologia. Não temos o condão de negar o avanço e os benefícios que o uso da IA pode trazer. A questão que se põe a refletir se volta, não para a análise de identificação de problemas para fins de se pensar possíveis soluções, mas, na violação que se apresenta à norma fundamental da paridade de armas, na necessidade de se olhar o impacto desses produtos nas mãos da esfera privada frente a considerável quantitativo de profissionais que serão colocados à margem, numa posição díspare de concorrência desleal no exercício da profissão.

No ano de 2019 a Assembleia Nacional da França promulgou a Lei 2019-222 dispondo sobre a programação judiciária do país até o ano de 2022. Dentre as regras ali descritas o artigo 33 merece destaque por impor **até 5 anos de prisão para a publicação de informações estatísticas sobre as decisões dos juízes, assim dispondo** "Os dados de identidade dos magistrados e dos membros do judiciário não podem ser reutilizados com a finalidade ou efeito de avaliar, analisar, comparar ou prever suas práticas profissionais reais ou presumidas."

A lei buscou conciliar as decisões da justiça com o direito à privacidade, enfrentando o legislador francês questões relativas ao acesso e disponibilização de dados eletrônicos sobre processos, inclusive dados sensíveis, notadamente na construção de modelos preditivos (NUNES, CORRÊA & TRECENTI, 2019).

Mas, por outro lado, tendo como alvo as *Legaltechs*, trouxe como justificativa para a vedação dos tratamentos de dados ligados à identidade dos magistrados, à prejudicialidade do funcionamento da justiça diante da construção de perfis individualizados passíveis de levar ao controle sobre suas decisões (REINALDO FILHO, 2019).

Seria a proibição o melhor caminho ou mesmo o objetivo seria alcançado? *Louis Larret Chahine*, cofundador da empresa *Predictice*, pioneira de tecnologia jurídica baseada em IA na França, em entrevista concedida ao *Artificial Lawyer*, criticou afirmando que a lei e, questão é uma verdadeira vergonha para democracia e que a empresa encontrará outras formas de fornecer informações abrangentes, permitindo análise sobre os tribunais, omitindo apenas o nome do juiz (2020).

Por certo, entre nós, vedar o acesso às informações concernentes aos processos mitigaria a publicidade não coadunando com os preceitos constitucionais. Por outro lado, e preciso ter em mente, que a identificação de dados pessoais não apenas dos julgadores, mas das partes e de todos que figurem no processo, também poderá causar outros problemas, com a vigência da Lei Geral de proteção ao dados – Lei 13.709/2018, que dispõe sobre o tratamento a ser conferido aos dados pessoais.

Seguindo as projeções crescentes de uso da IA, o Projeto de Lei n. 5.051 de 2019 do Senado Federal, de autoria do Senador Styvenson Valentim, trata da primeira proposta normativa a tratar da regulação do tema.

Apesar de muito incipiente para servir de parâmetro, vale salientar que dispõe a proteger o Brasil contra o risco de "colonialismo digital" (BUZ, 2020), preocupação externada recentemente pela Organização das Nações Unidas, bem como trazer à tona a possibilidade de exploração do potencial dessa nova tecnologia dentro de limites definidos e bem delimitados, introduzidos na legislação para reter e prevenir consequências negativas tanto no aspecto social quanto econômico.

Perceba que o projeto de lei aduz no artigo 5º, II e III, como diretriz de atuação da União, dos Estados, do Distrito Federal e dos Municípios no desenvolvimento da IA a criação de políticas específicas para proteção e para qualificação dos trabalhadores, bem como a garantia da adoção gradual da Inteligência Artificial, coadunando com a reflexão proposta, no presente artigo.

Uma vez que a análise preditiva é baseada no uso de dados e algoritmos para prever situações futuras, a jurimetria por sua vez, possui função assemelhada, qual seja, aplicar a estatística para fins de compreender os processos e fatos jurídicos, no sentido de fazer a mesma análise de informação para decidir as melhores ações.

Apresentada pela primeira vez por *Lee Loevinger* em 1949, a jurimetria, ainda que não haja uma conceituação uníssona, podemos afirmar ser a disciplina do conhecimento que utiliza a estatística para investigar o funcionamento de uma ordem jurídica (DIERLE, 2020, pp. 382,384).

De tal modo, podemos asseverar que jurimetria é a aplicação da estatística ao direito, de cuja junção se permite a identificação de padrões, análises e comparações (DIERLE & DUARTE, 2020, pp. 386-394) de fatos concernentes aos vários institutos que compõem o ordenamento jurídico. O que pode ser algo de grande relevância para a identificação de problemas que hoje se coaduna com os milhões de processos existentes no poder judiciário, notadamente para identificação dos grandes gargalos que merecem atenção para a identificação de soluções, no mais das vezes de políticas públicas. Porém, se de um lado passamos a ter a vantagem de uma ferramenta passível de acessar uma quantidade ilimitada de dados e sistematizá-los de forma a se obter possíveis resultados para casos concretos, como se verifica na pesquisa feita para identificação do limite de idade de crianças que concorrem para a adoção (NUNES, 2014) de outro, tal feito impactará substancialmente os advogados (NUNES & DUARTE, 2020, p. 397).

Apesar da utilização da jurimetria a partir de ferramentas tecnológicas, impõe investimentos no desenvolvimento de sistemas de IA que não são baratos, o que torna imprescindível a promoção de diálogos entre poder judiciário, advocacia e classe acadêmica no sentido de promover discussões que possam servir de orientação a toda comunidade jurídica de forma universal acerca dos desafios resultantes para que o processo tecnológico seja democratizado, evitando, a nosso sentir, o maior dos problemas: o monopolização jurimétrica pela esfera privada 'com slogans chamativos no estilo "ganhe mais causas"' (NUNES & DUARTE, 2020, p. 398).

A (Dis) paridade dos atores no processo

Ao magistrado, consoante dicção do artigo 8º do CPC/15, cabe primar pelo atendimento das normas fundamentais com a promoção da dignidade da pessoa humana, como estabelecer uma paridade processual se o processo já nasce díspare? Se antes mesmo de ser citado, o réu já poderá deter conhecimento, inclusive, da condição social do cliente/patrono para definir uma possível proposta de acordo que estará pautada, não pela razoabilidade do caso em questão, mas pela necessidade sócio econômica dos envolvidos?

Como norma fundamental preconizada no artigo 7º, CPC/15, temos a determinação de que às partes é assegurada a paridade de tratamento em relação ao exercício de direitos e faculdades processuais, aos meios de defesa, aos ônus, aos deveres e à aplicação de sanções, aqui incluída a igualdade no acesso às informações necessárias ao exercício do contraditório (DIDIER, 2019, p. 127). Dita norma, voltada a nortear todo o processo, não pode (e não deve) ser traduzida em mera falácia ou simples texto descrito em lei como figura decorativa. Desse modo, é preciso refletir que ela vem sendo gravemente violada e a realidade tende a ser ainda pior.

Chama a atenção, no cenário atual, o fato de, para além dos grandes escritórios, o uso de ferramentas tecnológicas na esfera pública, numa preocupação estatal voltada mais em prol do próprio estado do que para com instituições cuja função é voltada à defesa dos menos abastados.

Nesse contexto, as grandes empresas privadas e os escritórios de advocacia de maior porte, se encontram mais em paridade frente a utilização de ferramentas equivalentes do que advogados individuais ou a Defensoria Pública cujos recursos são escassos (MELO, 2019).

Não há mais como dissociar o profissional do direito de conhecimentos e investimento tecnológicos. E não basta mais um desktop, um programa de controle de processos ou coisa que o valha com acesso à internet. É preciso, para equilibrar, investir em sistemas de IA para jurimetria.

Ainda que se afirme que a IA não acabará com a profissão do advogado, o exercício da profissão demandará um outro tipo de profissional, voltado a uma atividade mais intelectual e estratégica. Por outro lado, não podemos descartar o fato de que, se a profissão da advocacia não irá acabar, a utilização de ferramentas preditivas com utilização de IA tenderá a excluir uma grande parte desses profissionais. Ao pensarmos nessas ferramentas atuais é preciso um mínimo de conhecimento de tecnologia e estudos voltados para diversas áreas que possam circundar as questões sob análise

(TEIXEIRA & CHELIGA, 2020, p. 25).

Muitos desses profissionais atuam sozinhos em pequenas salas, alguns deles inclusive em salas do próprio conselho da Ordem dos Advogados do Brasil, os quais não possuem tempo nem condições financeiras para desenvolverem o conhecimento necessário, tampouco obterem equipamentos para estarem em pé de igualdade.

Vejamos o cenário nacional em relação aos advogados inscritos. Conforme divulgado no site da OAB nacional, temos no Brasil cerca de 1.202.328 advogados, dentre os quais, como é possível visualizar no próprio site da OAB Seccional RJ, 208.499 estão na faixa etária superior a 60 anos, 382.141 estão entre 41 e 59 anos, 543.457 entre 26 e 40 anos, e 68.231 até 25 anos.

Pela faixa etária, torna possível a análise das gerações e sua relação com a tecnologia. Podemos definir os grupos em Geração Baby Boom (1946-1964), em que a televisão faz uma revolução nas práticas comunicacionais e de consumo, Geração X (1965-1976), quando as tecnologias digitais se fortalecem e se fixam como realidade e passam a se adaptar e buscar entender esse novo cenário, Geração Y ou Millenium (1977-1997), que assimilam a tecnologia de maneira muito mais rápida, pois cresceram com ela, mudando os padrões de comportamento e criando culturas digitais.(SOUSA & GOBBI, 2014, p. 136).

Diante do cenário apresentado, é possível perceber que aproximadamente 50% dos advogados pertencem a gerações que possuem uma maior dificuldades com as ferramentas tecnológicas. Ademais, a idade média dos trabalhadores em empresas de tecnologia bem-sucedidas está bem abaixo dos 35 anos (COZER, 2019).

Deste total de advogados quais deles figuram em grandes escritórios? E quais deles estão entre os profissionais que deixaram de figurar nesses mesmos escritórios em virtude de investimento tecnológico?

Grandes escritórios têm reduzido consideravelmente o número de profissionais em prol de programas de IA que conseguem realizar as mesmas tarefas, mas em tempo consideravelmente menor. Quais desses escritórios terceirizam serviços de jurimetria ou desenvolvem seus próprios sistemas?

Como se sabe, não há limitação de idade para o exercício da

advocacia, e até bem pouco tempo a experiência de foro era um dos pontos marcantes para o exercício da profissão. Hoje é possível observar, por um simples ato de teclar, a melhor tese a ser defendida, as possíveis teses contrapostas, posicionamento dos tribunais, aqui incluídos os ordinários e excepcionais, a forma de interpretação dos juízes, e, dentre outros proveitos, peças processuais que saem prontas para serem utilizadas (MAZZOLA, 2020).

Não negamos a necessidade de utilização de ferramentas tecnológicas que visem minimizar o tempo e qualificar a atuação profissional. Entretanto, quando passamos a analisar essas mesmas ferramentas no âmbito do profissional do direito, ou seja, do advogado, não podemos esquecer, que do quantitativo existente de profissionais inscritos na OAB, não é a maioria que está preparada para essa realidade!

E ainda é mais alarmante, não é a maioria que possuem condições de se prepararem. Principalmente por ausência de condições para se estabelecerem nesse universo moderno que vem se desenhando (BARBOSA. 2020). Precisamos entender que sistemas de IA de predição aflora ainda mais a dicotomia entre aqueles mais e menos abastados e que se encontram muitas vezes na mesma sala de audiência e, por consequência, no mesmo processo, em polos contrários.

Apesar de uma maior divulgação contemporânea, várias já são as empresas que prestam serviços voltados para a análise de dados dentre os quais estão a jurimetria, por preços diversos. Uma simples pesquisa em qualquer site de buscas trará um menu com os mais diversos tipos de serviços postos à escolha.

Por óbvio, a depender do pacote de produtos adquiridos o profissional poderá ter acesso a uma diversidade de análises prontas. Dessa forma, o exercício da profissão não depende mais das informações de seu cliente ou da parte contrária, não se resume à narrativa dos fatos e dos fundamentos jurídicos, a pesquisas jurisprudencial ou de precedentes.

A atividade do advogado agora requer o conhecimento de áreas transversais para que possa desenvolver uma atividade intelectiva sobre as várias possíveis probabilidades de desfechos.
É curioso, todavia, observar que ao defender as várias *legaltechs,* que desenvolvem serviços revolucionários de uma nova advocacia, toma-se como parâmetro problemas de escritórios de contencioso de

massa, os quais serão possíveis prever inclusive, possibilidades de transações, minimizando a judicialização ou mesmo concedendo ao cliente/jurisdicionado uma previsão de tempo e resultado da demanda desejada.

Não se analisa o porquê da manutenção dessas lesões massiva, tampouco a possibilidade de desenvolvimento de políticas públicas para inviabilizar a continuidade dessas práticas que fazem desembocar diariamente inúmeras demandas no judiciário.

Seriam esses escritórios de contencioso de massa, os mesmos a sucatearem o valor da atividade advocatícia? Seriam ainda esses mesmos escritórios a patrocinarem as grandes empresas? Certo é que os indivíduos geradores desse contencioso, não são percebidos, e não dispõem de recursos para procurarem esses escritórios que possam lhe conceder tais previsões tão ou quase certeiras.

Da mesma forma os profissionais que atendem esses consumidores na busca de justiça são aqueles que levam no mínimo de dois a três anos para receberem seus honorários. E são os advogados que estarão no embate com alguém que pode (e vai), no tocante às ferramentas tecnológicas, estar num patamar muito além, traduzindo a relação processual numa desigualdade desenfreada, que em pouco tempo, acabará por excluir grande parte dos advogados existentes hoje no mercado de trabalho.

Uma vez permitido a empresas privadas a utilização dos dados públicos (e aqui não podemos asseverar tratar-se apenas de dados do judiciário diante da) para acesso a informações, tratamento e transformação em predições variadas (TRECENTI, 2018), incluindo perfis de julgadores, para comercialização de produtos. Sejam então tais análises realizadas pelo próprio poder judiciário e publicizadas de forma que qualquer um da sociedade tenha acesso às mesmas análises preditivas. Do contrário, estaremos ampliando o abismo e ceifando em pouco tempo o exercício profissional de mais da metade dos advogados inscritos na OAB.

Tal realidade, se por um lado pode acarretar inúmeros benefícios, por outro lado descreve uma realidade muito preocupante e que precisa ser, não apenas vista, mas discutida a fim de se encontrar soluções que possam minimizar os impactos sociais que serão vistos. Há uma disparidade gigantesca em relação ao acesso de ferramentas digitais, não só entre o público e o privado, mas, entre a prática advocatícia, denotando desigualdade e uma verdadeira concorrência desleal.

Muitos advogados não têm a menor condição de estabelecer em suas rotinas de trabalho tais ferramentas tecnológicas, notadamente pelo fato de, com a massificação das demandas houve uma depreciação no custo do exercício da profissão, uma realidade que é possível verificar no dia a dia forense.(CASSIO CASAGRANDE, 2018). Apenas no Rio de Janeiro há uma média de 20 mil advogados audiencistas, cuja remuneração se perfaz exclusivamente pela sua presença no foro, tendo sido uns dos mais impactadas com o advento da pandemia (PEIXOTO & ARAÚJO, 2020).
Lamentavelmente, esse profissional acaba por não poder e não ter condições de investir em conhecimento tecnológico e em ferramentas que possam manter a paridade com seus pares.

A melhor solução para garantir a paridade de armas entre os advogados e a forma como vem sendo a jurimetria tratada como um produto e vendida, dentre outras, seria a democratização por órgãos públicos dessas mesmas ferramentas de modo que qualquer advogado pudesse ter acesso a elas e não ficassem nas mãos de entidades privadas.

É preciso pensar na democratização dessas ferramentas. E nesse sentido fomentar que as seccionais e subseções da OAB possam conferir a esses advogados o suporte tecnológico que permita uma condição de isonomia perante os grandes escritórios. Cumpre aos órgãos de classe desenvolver seus próprios sistemas de IA ou mesmo, agir em defesa da classe e buscar que o próprio poder judiciário o faça.

Em palestra proferida por Ricardo Fernandes (2018), professor de direito da UnB, um dos responsáveis pela Startup de IA com sistemas adotados no Poder judiciário e criador da Drª Luzia[3], foi demonstrado que não é possível fazer uma máquina aprender com 1000 processos. O segredo da IA reside na quantidade de dados que serão trabalhados.

---

[3] Drª Luzia foi a primeira aplicação de inteligência artificial no direito para tomada de decisão na escolha da petição inicial em execução fiscal. Para conhecer outros sistemas desenvolvidos. Vide <https://legalabs.com.br/> (Acesso em 08/04/2020 às 20:12h)

Assim, para identificar e escolher uma petição, por exemplo, no sentido de se trabalhar a execução fiscal em sede de poder judiciário, a máquina precisaria de um alto número de dados a partir de processos. Quantos seriam esses números? Ao menos ou superior a 50.000 processos parecidos entre si ou de mesma natureza, para que se possa fazer uma análise de IA num sentido mais profícuo e um output (resultados) viável de previsibilidade.

No atual cenário brasileiro quais são os advogados que chegam a ter o número de 10.000 processos, considerado ínfimo para atuação de IA? Os pequenos escritórios ou mesmos advogados autônomos, não estão em paridade com essa realidade e, por uma consequência, a tendência é de que se afastem cada vez mais de uma isonomia de mercado.

Por óbvio, há os que defendem que aqueles que não se prepararem estarão fora do mercado tal como ocorreu na época da revolução industrial, pois natural característica do capitalismo. A questão cinge-se no fato de que, apesar do impacto da tecnologia poder ser (e é) positivo sobre um segmento, não podemos fechar os olhos para o impacto social negativo que será acarretado.

Considerações Finais

Preocupar-se com um número considerável de advogados que estão no mercado de trabalho e que desenvolvem suas atividades de foro, não pode simplesmente deixar de constar nas agendas do Poder Público, notadamente do Poder Judiciário, sob pena de cada vez mais criarmos uma Justiça voltada aos abastados e vilipendiarmos o seu acesso.

A realidade do uso de tecnologias vem reformulando o universo jurídico e não apenas debates estão sendo travados, como sistemas estão sendo implementados nos mais variados setores.

Portanto, torna-se imperiosa a busca do conhecimento aprofundado da linguagem e desenvolvimento de sistemas de IA. De modo que seja possível observar, com maior nitidez, a questão da definição dos parâmetros que irão determinar as informações de aprendizagem que permitirão ao algorítmo processar e aprender para compor resultados que estão servindo de aporte para decisões judiciais.

Em tempos vindouros, é provável que um recém formado,

ainda na busca de crescimento, tenha como *ex-adverso* um holograma, ou mesmo uma justiça de autoatendimento na qual inseridos os pontos centrais do conflito, em segundos a solução seja apresentada (FEIGELSON, 2019, RB 11.1) e precisamos ser responsáveis ao ponto de permitir que esse recém formado esteja preparado para lidar, em condições iguais, com todas essas inovações digitais.

O jogo deixou de ser tão somente jurídico para ser tecnológico, com estratagemas e investigações, que estão à margem de outras normas fundamentais que circundam o processo como a boa-fé e a cooperação, notadamente pela ausência de transparência quanto a base de dados com a qual se trabalha estas análises jurimétricas oferecidas através de pacotes de serviços por uma variedade de empresas do setor privado. A intenção de mudança para uma postura mais ética no processo, não pode ser subvertida por quem não se preocupa com ética: a máquina!

Referências bibliográficas

ARTIFICIAL LAWYER CHANGING THE BUSINESS OF LAW, **France's Controversial Judge Data Ban** – The Reaction. Jun/2019. Disponível em <https://www.artificiallawyer.com/2019/06/05/frances-controversial-judge-data-ban-the-reaction/> (Acesso em 18/07/2020 às 18:45h).

BARBOSA, P. A.. O futuro do mercado jurídico, da gestão tecnológica dos escritórios e do trabalho. *In*: **I Congresso Digital Covid-19: Repercussões Jurídicas e Sociais da Pandemia**. Ordem dos Advogados do Brasil. Evento ocorrido nos dias 27 a 31 de Julho de 2020. Painel 67, Sala 1. Disponível em <https://www.youtube.com/watch?v=tNzZ8kb-eL0&feature=youtu.be> (Acesso 29/07/2020 às 14:00h).

BRASIL. **Projeto de Lei nº 5.051 de 19 de Setembro de 2019**. Disponível em <https://www25.senado.leg.br/web/atividade/materias/-/materia/138790> (Acesso em 12/01/2019 às 9:25h).

BUZ, M. Colonialismo digital. 2020. *In:***Portogente: Um mundo mais ágil**. Disponível em

<https://portogente.com.br/noticias/opiniao/111605-colonialismo-digital> (Acesso em 16/06/2020 às 20:02h).

CARAM, L. Com 75% da blockchain mundial, EUA e China impõem ao Brasil espécie de 'colonialismo digital'. 2019. *In*: **Cointelegraph Brasil**. Disponível em <https://url.gratis/U89CD > (Acesso em 16/07/2020 às 21:30h).

CASAGRANDE, C. **A proletarização do advogado no Brasil**, n.p. *In*: **JOTA**, 2018. Disponível em <https://www.jota.info/carreira/advogados-audiencistas-proletarizacao-03042018> (Acesso em 14/04/2020 às 10:28h).

COZER, C. Como as gerações se relacionam com a tecnologia? n.p. 2019. In: **Consumidor Moderno**. Disponível em <https://www.consumidormoderno.com.br/2019/10/28/geracoes-tecnologia/> (Acesso em 09/06/2020 às 15:30h).

DIDIER, F. **Curso de direito processual civil**. Vol. 1. 21ª ed. Salvador: Editora Juspodivm, 2019.

FEIGELSON, B. O advogado de depois de amanhã (2038): Um dia na vida de Miguel. RB 11.1 E-book. *In:* **O Advogado do amanhã** [livro eletrônico]: estudos em homenagem ao professor Richard Susskind. Coord. Bruno Feigelson [*et.al*], São Paulo: Thomson Reuters Brasil, 2019.

FERNANDES, R. Inteligência artificial aplicada ao direito e ao jurídico. *In:* **Palestra proferida na 1º Conferência Paranaense de Tecnologia e Direito**. 2018. Canal Sebrae Digital. Disponível em <https://www.youtube.com/watch?v=ffJa_NVym_A&list=PLbQH2SZ_Ss3ff-xLA5Qe4glOfFiRYBUsS&index=6> (Acesso em 15/02/2020 às 13:30h)

FRANCE. **LOI n° 2019-222 du 23 mars 2019 de programmation 2018-2022 et de réforme pour la justice**. Disponível em <https://www.legifrance.gouv.fr/affichTexte.do?cidTexte=JORFTEXT00003826163 1&categorieLien=id> (Acesso em 10/03/2020 às 21:00).

KAMAYURÁ, U. Advocacia Geral da União vai utilizar ferramenta com inteligência artificial e automação de processos em todo o Brasil. Advocacia Geral da União. 2013. *In*: **JusBrasil**. Disponível em <https://url.gratis/qDLaK> (Acesso em 13/01/2020 às 11:25h).

MARTINS, D. Uso de IA no direito provoca reinveção da carreira de advogado. 2019. *In*: **ITTRENDS**. Disponível em <https://ittrends.com/conteudos/uso-de-ia-no-direito-provoca-

reinvencao-da-carreira-de-advogado/> (Acesso em 16/07/2020 às 17:28h)

MAZZOLA, M. Processo e Novas Tecnologias: utilização de QR Code em petições judiciais, atuação de robôs e as contribuições da inteligência artificial para o sistema de precedentes. 2020. *In:* **Instituto Dannemann Siemsen**. Disponível em <https://ids.org.br/processo-e-novas-tecnologias-utilzacao-de-qr-code-em-peticoes-judiciais-atuacao-de-rbos-e-as-contribuicoes-da-inteligencia-artificial-para-o-sistema-de-precedentes/> (Acesso em 02/07/2020 às 16:15h).

MELO, J. O.. Inteligência artificial pode facilitar trabalho de defensorias públicas. n.p. 2019. *In:* **Conjur – Consultor Jurídico**. Disponível em <https://www.conjur.com.br/2019-abr-14/inteligencia-artificial-ajudar-defensorias-publicas> (Acesso em 15/04/2020 às 19:20h).

MPF – Secretaria de Comunicação Social. Procuradoria-Geral da República. **Ministério Público Federal lança plataforma de Inteligência Artificial e robô para classificar pareceres em HC.** Notícias. Fev/2020. Disponível em <http://www.mpf.mp.br/pgr/noticias-pgr/ministerio-publico-federal-lanca-plataforma-de-inteligencia-artificial-e-robo-para-classificar-pareceres-em-hc> (Acesso em 10/02/2020 às 9:10h).

NUNES, D. Virada tecnológica no direito processual (Da automação à transformação): seria possível adaptar o procedimento pela tecnologia? *In*: **Inteligência Artificial e Direito processual**. Coords. Dierle Nunes [*et.al*]. pp. 15-40. Salvador: Editora Juspodivm, 2020.

NUNES, D; DUARTE, F. A. Jurimetria, tecnologia e direito processual. *In:* **Inteligência Artificial e Direito processual**. Coords. Dierle Nunes [*et.al*]. pp. 381-421. Salvador: Editora Juspodivm, 2020.

NUNES, M. G, Tempo dos Processos relacionados à adoção no Brasil: uma análise sobre os impactos da atuação do poder judiciário. *In*: **Associação Brasileira de Jurimetria**, 2014. Relatório da Pesquisa. Disponível em <https://abj.org.br/wp-content/uploads/2018/02/ABJ_tempo_dos_processos_de_adocao_no_brasil-1.pdf> (Acesso em 04/07/2020 às 11:25h).

NUNES, M. G; CORRÊA, F.; TRECENTI, J.. A lei francesa de acesso a dados judiciários: algumas reflexões. n.p., 2019. *In:*

Migalhas. Disponível em <https://www.migalhas.com.br/depeso/304441/a-lei-francesa-de-acesso-a-dados-judiciarios-algumas-reflexoes> (Acesso em 10/03/2020 às 16:.20h).

PEIXOTO, A.; ARAÚJO, G., OAB-RJ faz campanha para ajudar advogados que não recebem por audiências suspensas pela pandemia, n.p., 2020. In: **G1**. Disponível em <https://url.gratis/aWXti> (Acesso 30/07/2020 às 14:17h).

REINALDO FILHO, D. A lei francesa que proíbe análise preditiva de decisões judiciais. n.p., 2019. *In:* **JUS**. Disponível em <https://jus.com.br/artigos/74624/a-lei-francesa-que-proibe-analise-preditiva-de-decisoes-judiciais> (Acesso em 10/03/2020 às 19:45h).

ROSA, A. M.; GUASQUE, B. O avanço da disrupção nos tribunais brasileiros. *In:* **Inteligência Artificial e Direito processual**. Coords. Dierle Nunes [*et.al*]. pp. 65-80. Salvador: Editora Juspodivm, 2020.

SOOD, A. K.; ENBODY, R.. **Targeted Cyber Attacks Multi-staged Attacks Driven by Exploits and Malware**. USA: Syngress, 2014.

SOUSA, J. F.; GOBBI, M. C.. Geração digital: uma reflexão sobre as relações da juventude digital e os campos da comunicação e da cultura. *In:* **Revista Geminis**, Ano 5, v. 2, n. 1, p. 129-145, 2014. Disponível em <https://repositorio.unesp.br/handle/11449/135517> (Acesso em 09/06/2020 às 18:45).

SPALER, M. A Inteligência Artificial já é realidade nos tribunais e nos escritórios de advocacia. *In:* **Migalhas**, mar/2018, n.p. Disponível em <https://www.migalhas.com.br/depeso/276937/a-inteligencia-artificial-ja-e-realidade-nos-tribunais-e-nos-escritorios-de-advocacia> (Acesso em 18/01/2020 às 20:00h).

TEIXEIRA, T.; CHELIGA, V.. **Inteligência artificial: aspectos jurídicos**. 2ª ed. Salvador: Editora Juspodivm, 2020.

TRECENTI, J. Ciência de dados aplicada ao direito. *In:* **Palestra proferida na 1º Conferência Paranaense de Tecnologia e Direito**. 2018. Canal Sebrae Digital. Disponível em <https://www.youtube.com/watch?v=_aRChzSLOyc&list=PLbQH2SZ_Ss3ff-xLA5Qe4glOfFiRYBUsS&index=7> (Acesso em 15/02/2020 às 14:35)

DISCURSO DO ÓDIO E REDES SOCIAIS: DESAFIOS PARA A LIBERDADE DE EXPRESSÃO EM UM MUNDO GLOBALIZADO

Bruno Lúcio Moreira Manzolillo[1]
Victor Milhonico[2]

***Consid**erações iniciais*

As liberdades fundamentais de manifestação do pensamento e de informação são corolários da Constituição da República Federativa do Brasil de 1988, marcando, de forma histórica, o fim da censura que o país havia sofrido durante a ditadura militar. O texto constitucional garante tais direitos fundamentais em um contexto de uma população que ansiava pela expressão verdadeira de sua realidade.

---

[1] Doutorando em Teoria do Estado e Direito Constitucional na Pontifícia Universidade Católica do Rio de Janeiro (PUC-Rio). Mestre em Direito da Cidade pela Universidade do Estado do Rio de Janeiro (UERJ). Especialista em Direito Ambiental Brasileiro e bacharel em Direito pela PUC-Rio. Professor do Centro Universitário Augusto Motta (UNISUAM). Membro da Comissão de Direito Constitucional da OAB/RJ. E-mail: brunoluciomm@gmail.com.

[2] Bacharel em direito pelo Centro Universitário Augusto Motta (UNISUAM). E-mail: milhonico@gmail.com

Entretanto, a Assembleia Constituinte de 1987 não pôde prever os efeitos da Terceira Revolução Industrial, a chamada Revolução das Tecnologias de Informação e Comunicação (TIC). Inicialmente, o advento da internet foi o divisor de águas quanto ao acesso à informação, mas a proliferação de mecanismos de expressão dos cidadãos gerou na a atual sociedade uma explosão de opiniões e julgamentos postados em infinitas ferramentas de redes sociais e fóruns on-line, alcançando uma quantidade indeterminada de pessoas, que possuem acesso a estes meios.

É desta forma que os avanços tecnológicos se inserem neste ensaio, pois deles surgem as grandes formas de manifestação de ideias, seja por redes sociais, quanto pelo jornalismo, programas de humor ou ensaios cinematográficos, que, direta ou indiretamente, oprimem minorias sociais, vítimas do uso excessivo da liberdade de expressão. É na combinação do exercício irregular da liberdade de expressão e do acesso às tecnologias de informação que surge a grande problemática e assim, a importância de trazer à voga a discussão acerca do discurso do ódio.

A Reação Jurídica ao Discurso do Ódio

Com a utilização indiscriminada e deturpada do direito fundamental à liberdade de expressão[3], a sociedade observa atualmente a insurgência, cada vez mais frequente, de exemplos de manifestações discriminatórias e de incitação ao ódio e até mesmo violência. Este é chamado de *hate speech*, discurso de ódio ou incitação ao ódio.

Para os professores Ivan Hare e James Weinstein, na obra *Extreme Speech and Democracy*, o discurso de ódio é a simples expressão que articula o ódio por outro indivíduo ou grupo, geralmente baseado em uma característica (como a raça) que é compartilhada pelos membros do grupo alvo (2009, p. 4).

Nas lições dos autores americanos, a proibição do discurso do ódio impede que o locutor se utilize do *hate speech* para alcançar outro propósito, a dizer que seria a incitação de outros grupos a

---

[3] Art. 5º Todos são iguais perante a lei, sem distinção de qualquer natureza, garantindo-se aos brasileiros e aos estrangeiros residentes no País a inviolabilidade do direito à vida, à liberdade, à igualdade, à segurança e à propriedade, nos termos seguintes:

[...]

IV - é livre a manifestação do pensamento, sendo vedado o anonimato;" (BRASIL, 1988)

destilarem ódio para o grupo alvo, ou até mesmo procurar encorajar uma audiência (em sentido público) para discriminação.

Por se tratar de um discurso, sua existência é condicionada a uma manifestação discursiva externalizada. Segundo Rosane Leal da Silva (2011), o discurso do ódio possui dicotomia elementar de discriminação e externalização: exige transposição de ideias do plano abstrato (mental) para o plano material (exteriorização). Enquanto o discurso não externado é pensamento, ódio sem discurso, não sendo causador de dano.

Consigna Dieter Grimm (2009, p. 13) que apenas nos Estados Unidos da América a doutrina da liberdade de expressão continua mais ou menos imune à proporcionalidade. O tratamento especial da liberdade de expressão não pode, de qualquer forma, vir apenas como forma de privilégio, leciona o autor do capítulo. Nesta seara de raciocínio, Owen Wiss (2005, p. 30) diz que a valoração do discurso (compreendida como liberdade de expressão) é essencial para a autodeterminação coletiva, não por ser uma forma de auto expressão ou auto realização, mas para que permita o debate público desinibido, robusto e amplamente aberto.

A liberdade em seu aspecto negativo ganha força no sentido de que a liberdade de expressão se caracteriza, para os norte-americanos, como uma forma de liberdade de expressão em *lato sensu*. Isto decorre de uma desproporcionalidade quanto ao uso do discurso, onde se admite uma possível implementação do conteúdo de ódio.

Todavia, outros países, como o Canadá, criminalizam a conduta. O paradigmático caso Regina vs. Kegstra, abordou a situação de um professor que lecionava, no 2º grau, aos seus alunos, doutrinas antissemitas, afirmando que os Judeus eram "traiçoeiros", "amantes do dinheiro", "assassinos de criança", enfim, proliferando neste discurso de considerável conteúdo odioso contra a comunidade judaica. Daniel Sarmento aduz que o crime imputado ao professor James Kesgtra foi o de "promover propositadamente o ódio contra algum grupo identificável" (SARMENTO, 2006). A decisão da Corte Constitucional do Canadá manteve a condenação de instância inferior e afirmou sua constitucionalidade, incriminando o *hate speech*. Tal posicionamento tem sido adotado este posicionamento na Alemanha, França, Inglaterra e outros países democráticos que visam a tutela da liberdade de expressão em seu aspecto positivo e lícito.

No sistema constitucional alemão, o valor constitucional mais importante é a dignidade da pessoa humana, como dicção do artigo 1 da Lei Fundamental Alemã de 1949, que dispõe que "a dignidade da pessoa humana é intangível. Respeitá-la e protege-la é obrigação de todo poder público" (ALEMANHA, 1949). Nesse sistema, a Alemanha centraliza o princípio da dignidade humana e faz emanar deste os direitos fundamentais. Para Luna e Santos (2014), a Lei Fundamental Alemã ressalta a conduta positiva do ente público na tutela da dignidade da pessoa humana, não exigindo a neutralidade do Poder Público, mas que se defina em torno de valores baseados em sua superioridade ética.

Para comprovar o mencionado, remete-se o raciocínio a um caso solucionado pelo Tribunal Constitucional Alemão. O Caso Lüth se refere à liberdade de opinião quando um diretor de cinema trabalhou junto à máquina de propagando nazista, produzindo uma série de livros ofensivos, incluindo antissemitas, como o *Jud Süss*, em 1940. *A posteriori*, retomou seus projetos de direção em 1950, onde dirigiu o filme Amada Mortal, recebendo elogios na Alemanha e no exterior. Entretanto, Eric Lüth, judeu prestigiado e de influência na mídia alemã, buscou boicotar o lançamento do filme, e os diretores e produtores do filme buscaram uma liminar na justiça para que houvesse reparação pelos danos sofridos.

No Brasil, o Supremo Tribunal Federal tem, com certa frequência, se debruçado sobre o tema. É notório o julgamento do caso "Ellwanger", de 2004 (HC 82.424), quando a Corte Constitucional manteve a condenação de Siegfried Ellwanger Castan, escritor e editor brasileiro negador do Holocausto que publicava, vendia e distribuía material antissemita, que distorcia a história do genocídio dos judeus. O Supremo reconheceu que a edição e publicação de obras escritas veiculando ideias antissemitas, que buscam resgatar e dar credibilidade à concepção racial definida pelo regime nazista, negadoras e subversoras de fatos históricos incontroversos como o holocausto, consubstanciadas na pretensa inferioridade e desqualificação do povo judeu, equivalem à incitação ao crime, com acentuado conteúdo racista, reforçadas pelas consequências históricas dos atos em que se baseiam.

Mais recentemente, merece destaque a decisão recente do STF, no julgamento da Ação Direta de Inconstitucionalidade por

Omissão 26, que reconheceu a omissão inconstitucional por parte do Congresso Nacional ao não criminalizar atos de homofobia e de transfobia. A partir deste entendimento, foi consolidada a interpretação que enquadra crimes praticados contra homossexuais e transexuais na Lei do Racismo (Lei 7.716/89), até que o Congresso Nacional criminalize a conduta em lei penal própria, a partir de fundamento nos incisos XLI e XLII do artigo 5º da CRFB/88[4]. O Supremo Tribunal Federal aduziu que

> A repressão penal à prática da homotransfobia não alcança nem restringe ou limita o exercício da liberdade religiosa, qualquer que seja a denominação confessional professada, a cujos fiéis e ministros (sacerdotes, pastores, rabinos, mulás ou clérigos muçulmanos e líderes ou celebrantes das religiões afro-brasileiras, entre outros) é assegurado o direito de pregar e de divulgar, livremente, pela palavra, pela imagem ou por qualquer outro meio, o seu pensamento e de externar suas convicções de acordo com o que se contiver em seus livros e códigos sagrados, bem assim o de ensinar segundo sua orientação doutrinária e/ou teológica, podendo buscar e conquistar prosélitos e praticar os atos de culto e respectiva liturgia, independentemente do espaço, público ou privado, de sua atuação individual ou coletiva, **desde que tais manifestações não configurem discurso de ódio, assim entendidas aquelas exteriorizações que incitem a discriminação, a hostilidade ou a violência contra pessoas em razão de sua orientação sexual ou de sua identidade de gênero.** (BRASIL, 2019) (Grifos nosso)

Percebe-se, deste modo, que o discurso de ódio tem ampla discussão no campo dos direitos fundamentais. Tanto de um lado quanto de outro, permitem argumentos construtivos para que a liberdade de expressão atue das mais diversas formas, seja ela limitada ou ilimitada, condão este que, no presente ensaio, se defende a limitação deste direito em razão de contextos históricos

---

[4] "XLI - a lei punirá qualquer discriminação atentatória dos direitos e liberdades fundamentais;
XLII - a prática do racismo constitui crime inafiançável e imprescritível, sujeito à pena de reclusão, nos termos da lei;" (BRASIL, 1988)

diversos de abuso do direito.

Ao analisar o discurso de ódio, cumpre tecer comentários quanto a sua forma de exaurimento no mundo das pessoas, atuando das mais diversas formas para alcançar os destinatários desse discurso, dentre elas, há o grande uso inadequado das ferramentas tecnológicas. Em razão disso, é de profunda necessidade que se adentre à última Revolução Tecnológica para enfrentar a temática.

Globalização E Quebra De Barreiras

Assim como a evolução histórica dos direitos fundamentais teve seu curso durante a história, dos primórdios até sua consagração no mundo por meio das constituições idealizadas sob viés de um constitucionalismo terciário, ressalta-se, a seguir, a evolução do mundo ao que se refere à tecnologia.

As repercussões das iniciativas revolucionárias não apenas consagraram avanços de direitos, como consagram avanços nos modelos capitalistas, repercutindo na vida em sociedade, adentrando as indústrias de forma arrebatadora e estabelecendo, a partir das revoluções industriais, um novo paradigma voltado à inserção tecnológica na atividade humana. Para Manuel Castells (2002, p. 50), a década de 1980 consagrou o marco da revolução tecnológica, haja vista que o sistema capitalista passou por certa reestruturação em decorrência do empreendedorismo.

No avançar do tempo, novas tecnologias de informação passaram a integrar o mundo e os computadores passam a integrar o globo, gerando inúmeras comunidades globais em decorrência do avanço tecnológico na década de 1990, conforme preleciona o autor. Todavia, o desenvolvimento da *internet* fora, nas três últimas décadas, fruto de fusão de tecnologia militar (oriunda da fonte estratégica), cooperação científica, inovação tecnológica e contra cultural.

Nesta parte introdutória do texto, conforme o autor espanhol leciona, se percebe que as duas últimas décadas do século XX foram de imensos progressos e integração das comunidades globais, perpassando por avanços de materiais, fontes de energia, aplicações na medicina, técnicas de produção e tecnologia de transportes.

Contudo, as tecnologias de rede se consagram no fim da década de 1990, expandindo a computação a níveis globais por meio de interconexões de dispositivos de conexão de dados, montadas ao redor de servidores da *web*, que se utilizam dos mesmos protocolos da *internet* (CASTELLS, 2002, p. 89).

No passar do tempo, adquiriu-se uma cultura dentro da tecnologia, que Castells chama de cultura da virtualidade real, é dizer, que em todas as sociedades, a humanidade tem existido em um ambiente simbólico e atuado por meio desse mesmo ambiente, algo específico no novo sistema de comunicação organizado pela integração eletrônica dos mais variados modos de comunicação, do tipográfico ao sensorial, não sendo, em seu próprio fim, uma realidade virtual, mas sim uma construção desta (2002, p. 459).

O culturalismo mundial inserto no mundo da tecnologia, por sua vez, traduz avanços nas telecomunicações e na forma pelas quais as informações são disparadas num espaço virtual que, por sua vez, está interligado às mais diversas comunidades. Essa interação é um espaço aberto dentro dessa interconexão que é chamado de ciberespaço (LÉVY *apud* MELO, 2019). Este termo especifica, "não somente a infraestrutura material da comunicação digital, como também o universo oceânico de informações, bem como os seres humanos que navegam e alimentam esse universo" (MELO, 2019).

Neste mesmo raciocínio, é fomentada a ideia anterior quanto os avanços da revolução tecnológica quando expõe a ideia de trabalho, ao que pese que o trabalho em casa esteja se tornando um futuro modo de atividade profissional, desenvolvendo essa forma de labor com o surgimento de empresas integradas em rede e do processo de trabalho flexível.

Nesta seara, o brasileiro Milton Santos assevera que essas ideologias sustentam ações preponderantes do mundo atual, compostas de peças que se alimentam e põem em movimento os elementos essenciais à continuidade do sistema. O autor ressalta que essa se torna uma ideia em que o mundo se torna um mercado avassalador global, capaz de homogeneizar o planeta. Entretanto, assevera que não é isso que acontece: "na verdade, as diferenças locais são aprofundadas". Nesse diapasão, leciona que existe uma busca de uniformização dos serviços, por atos hegemônicos. Todavia, acarreta menor união entre as pessoas, afastando o sonho de uma cidadania universal, mas trazendo e estimulando uma cultura de consumo (2001, p. 19).

Nos dizeres do geógrafo, a globalização é uma fábrica de perversidades. Os avanços da tecnologia, em ditames críticos, ganham dimensão negativa no passo em que as desigualdades se tornam acentuadas em decorrência do acesso à tecnologia. O mundo globalizado realça essa tendência desigual no sentido de que taxas de mortalidade infantil permanecem altas, independentemente de progresso medicinal e informacional; desemprego crônico; aumento da pobreza; a fome e desabrigo se alastram; acesso à educação de qualidade se torna cada vez mais difícil; alastram-se males como a corrupção, egoísmos, cinismos, acrescendo-se, ademais, a própria proliferação do discurso de ódio disparada contra minorias, as quais ficam desamparadas por uma esfera protecional forte, em razão do elitismo desenfreado ascendido por estes avanços tecnológicos.

O autor diz que a perversidade sistêmica que está na raiz da evolução negativa da humanidade tem relação com a adesão desenfreada aos comportamentos competitivos que caracterizam ações hegemônicas, mazelas intrínsecas ao processo de globalização.

Todavia, assevera Manuel Castells (2002, p. 499) que apesar de todos os seus problemas sociais, urbanos e ambientais, as megacidades tendem a crescer em tamanho e atratividade para a localização de funções de alto nível e para as escolhas pessoais.

Pois bem,: o espaço de fluxo, visto anteriormente, se divide em três camadas, segundo concepção de Castells (2002, p. 501-504). A primeira camada é constituída por um circuito de impulsos eletrônicos (microeletrônica, telecomunicações, processamento computacional, sistemas de transmissão e transporte em alta velocidade – este inserto nas tecnologias de informação); a segunda é constituída por seus nós (centros de importantes funções estratégicas) e centro de comunicação (são espaços localizados em redes eletrônicas específicas); e a terceira é a organização espacial das elites gerenciais dominantes, que exercem as funções em torno do espaço.

Neste sentido, Santos (2001, p. 39) assevera que essas informações, proliferadas por meios eletrônicos, aprofundam as desigualdades em razão da apropriação das técnicas de informação por parte dos Estados e de empresas, manipulando-as e transformando-as em verdadeira ideologia. Eis que se insere, o autor, no fundamental do presente ensaio, arrematando que "estamos diante de um novo 'encantamento do mundo', no qual o discurso e a retórica são o princípio e o fim".

Como se percebe, o espaço ilimitado gerado pelos avanços da tecnologia no mundo alça novos patamares quando se percebe que os discursos gerados nesses espaços de fluxos de informações podem vir a ser, ou não, catastróficos num sentido de que a informação se reveste do conteúdo que o locutor desejar, seja ele de boa-fé ou de má-fé.

As Redes Sociais Como *Lócus* Do Ódio

Redes sociais são espaços destinados à visibilidade das pessoas, bem como suas expressões sociais e culturais, e promovem uma sensação de anonimato que é intensificado pela ausência de leis específicas (PEREIRA, 2018). Resulta que o uso das redes sociais se torna indevido e acaba por caracterizar uma disputa simbólica de diferentes identidades e grupos sociais em suas demarcações de "territórios" por meio de estratégias de linguagens características (AMARAL, 2011).

São dessas disputas simbólicas que surgem as violências empregadas contra outras pessoas. Neste sentido, Bourdieu (1989) leciona que a violência é resultante do poder simbólico, e esse poder somente é adquirido por meio dos discursos presentes nas relações de comunicação e conhecimento. O ódio, para Lebrun, está ligado à violência,; todavia, assevera que o ódio ultrapassa um sentimento ou uma manifestação violenta, se tornando um fato social em razão do seu exercício dentro das comunicações entre os sujeitos (*apud* AMARAL; COIMBRA, 2015, p. 296-297).

As redes sociais, em geral, são constituídas por atores sociais - pessoas, instituições ou grupos, os nós da rede - e suas conexões – interações ou laços sociais. Estas são, como o nome já se pressupõe, estruturas no sentido de que esses atores sociais se relacionam, criando conexões entre diversos sujeitos e que, consequentemente, haverá uma interação em que as mais diversas expressões se solidifiquem naquele espaço. É nesta seara de raciocínio que Boyd e Elisson (2007) lecionam que o ator social construa uma personalidade por meio de um perfil, interagindo com comentários produzidos por outros atores e, principalmente, exponha sua rede publicamente.

Aqui se insere a grande problemática, a dizer, o ator social tem a liberdade de criação de perfis sem que haja uma verificação a fundo desta *persona*, momento em que surge o anonimato do usuário e este pode, enfim, utilizar as redes sociais para uma visibilidade e constitua um poder de influência a todos os outros presentes em sua rede social.

Faz-se necessário aduzir que o anonimato utilizado por esses usuários que se apoderam de um determinado discurso nessas redes infringe o texto constitucional, a dizer que quando exercem a liberdade de expressão nas redes sociais, ficam imunes a uma reprimenda, no sentido de que se esse discurso venha a aviltar outrem, esse usuário estaria se utilizando de meios antijurídicos para perpetuar um discurso sem que haja possibilidade de se sancionar o comportamento dele. Neste sentido, o texto da Constituição Federal determina, no art. 5º, inciso IV, ser livre a manifestação do pensamento, todavia, sendo vedado o anonimato (BRASIL, 1988). Da mesma forma, leciona Ingo Sarlet que eventual responsabilização civil ou penal do autor titular da manifestação ofensiva ou apócrifa poderia ficar inviabilizada (2019, p. 514).

Surge então a expressão *hater*, que violam regras de gentileza e de comportamento civil para chamar a atenção (AMARAL; COIMBRA, 2015, p. 300). O termo *hater* é utilizado na *internet*, sendo sinônimo de "odiador". São pessoas que se utilizam dos espaços de interação da internet para falar mal de outras pessoas. Os *haters* buscam, por meio do discurso odioso, um poder, via *internet*, para consagrar um possível temor e influência para o interlocutor do discurso, pois deles que emergem argumentos incitatórios ou discriminatórios frente à uma camada social que pode vir a ser influenciada ou atacada, respectivamente. Quando falamos desses usuários, surge um problema social, pois é neste sentido que os discursos advindos de tais grupos de atores sociais são associados a preconceitos e termos depreciativos voltados a grupos e situações cotidianas que não lhe são convenientes, podendo o discurso de ódio se manifestar na política, contra negros, LGBTs, religiosos de matrizes diversas e contra etnias, como indígenas, judeus e chineses.

Necessário destacar neste contexto que Hannah Arendt (2004) nos traz um conceito de "banalidade do mal" onde, acompanhando o julgamento do oficial nazista Adolf Eichmann, responsável pela logística de extermínio de milhares de pessoas, percebeu que aquele oficial, no curso do processo, fora incapaz de refletir e criticar seus próprios atos terríveis contra a humanidade. Isso é dizer que se um homem normal praticar atos terríveis como os de Eichmann, em razão deste mal, pode se tornar algo rotineiro e burocrático.

É desta forma que o exercício da liberdade de expressão, nas lições de Daniel Sarmento (2006), não é inofensivo, podendo causar danos além dos imagináveis, o que significa dizer que as palavras e as ideias ferem e compõe as regras de convivência. Sarmento esclarece que muitas vezes as palavras e as ideias ferem, e isso faz parte do jogo. O autor usa de exemplo o cenário em que a imprensa publica uma crítica desfavorável a uma obra literária, que, muito provavelmente, cause grande tristeza ao seu autor – há casos até de suicídio –, e lhe traga também prejuízos materiais, pela diminuição das vendas do livro. Quando ela condena como antiéticos os atos de algum político, ela certamente abala a sua reputação e pode definir o seu fracasso numa eleição.

Neste mesmo raciocínio, o professor assevera que não é motivo para inibir os atos e nem a penalização de quem os editou, sendo a formação do debate livre, robusto e aberto de ideias na sociedade um dos objetivos fundamentais da liberdade de expressão. Entretanto, a ressalva que se faz é acerca do discurso de ódio na sociedade, pois o exercício abusivo da liberdade de expressão acarreta danos injustificáveis, incidindo sobre as camadas minoritárias da sociedade.

As manifestações de ódio, se falarmos de uma sociedade limitada quanto aos meios de comunicação, podemos dizer que sua abrangência limitada, independentemente, causaria danos sentimentais às suas vítimas – revolta, angústia, medo, vergonha. Nesta seara de raciocínio, ampliando a incidência de um discurso de conteúdo odioso no âmbito da tecnologia de informação, teremos danos desproporcionais causados pela extensão em que se propagará o discurso, chegando a informação a outros agentes sociais em questões de segundos, ocasionando na aderência ou rejeição ao discurso, e o que poderia ser delimitado com a inexistência destas redes, acaba indeterminando seu alcance.

Muitas vezes o *hater* não se utiliza de perfis "falsos", utilizando o próprio para manifestar seu pensamento revestido de um discurso voltado a aviltar uma minoria. Neste sentido, a Seção

Judiciária do Estado do Rio de Janeiro, da Justiça Federal da 2ª Região, decidiu recentemente acerca de um caso, no qual fora titularizado pelo Ministério Público Federal, em que o réu fora condenado a pagar reparação por dano moral por ofensa à comunidade LGBT.

Na sua publicação, o usuário aduziu que os homossexuais são promíscuos e anormais. A 1ª Vara Federal de Duque de Caxias se manifestou no sentido de que

> Analisando detidamente a publicação do réu, não há dúvidas quanto a sua intenção declaradamente discriminatória contra homossexuais. Além de afirmar uma suposta promiscuidade dos homossexuais – "todo homossexual é promíscuo" -, por si só já ofensiva contra todo o grupo, defende (*rectius* incita) a segregação de tais indivíduos em "guetos" - "essa minoria voltará aos guetos que é seu lugar" -, local onde historicamente os judeus eram obrigados a residir, e que remete diretamente à ideia de exclusão de um determinado grupo social, apartheid, o que, inclusive, é considerado, pelo Tratado de Roma, ratificado pelo Brasil, crime contra a humanidade. (BRASIL, 2020)

Em sentido semelhante, porém, no âmbito cinematográfico, a 1ª Turma do Tribunal Regional Federal da 3ª Região julgou em sede de apelação, uma ação civil pública movida pelo Ministério Público Federal contra um cineasta que produziu um curta-metragem intitulado "Matem... Os Outros!", no qual retrata um diálogo entre dois fazendeiros.

O relator da apelação cível destacou trechos em que a caracterização do indígena é de forma a agravar a forma em que a comunidade é vista, e desta forma, o roteiro se desenrola de modo a consolidar um discurso de intolerância, preconceito e ódio étnico. Neste sentido, o Desembargador Federal aduz que

> O hate speech objetiva a negação da igualdade entre os indivíduos, promovendo a discriminação e propagando a inferioridade de determinados grupos. Trata-se de discurso atentatório às bases fundamentais de uma sociedade democrática, cujo banimento do espaço público impõe-se enquanto forma necessária de proteção da democracia. O discurso de ódio tem o condão de difundir

> estereótipos irracionais e depreciativos contra grupos minoritários, passíveis de provocar a erosão do reconhecimento recíproco de igualdade entre os sujeitos culturalmente heterogêneos que compõem a esfera pública, de modo a comprometer a formação do debate público racional necessário ao funcionamento do processo democrático. (...). Do exposto, extrai-se que a situação versada na lide amolda-se à hipótese de difusão de conteúdo pernicioso às bases do funcionamento da democracia, enquanto concepção deliberativa, impondo-se, legitimamente, sua interdição e conseguinte determinação de reparação pelos danos causados. (BRASIL, 2020)

Neste raciocínio, a tecnologia e seus avanços contribuíram para inúmeras qualidades positivas e negativas relacionadas ao conteúdo em que seus diversos atores exploram nestes meios de comunicação, seja nas redes sociais, quanto nos jornais, filmes e manifestações públicas em *lato sensu*, abrangendo de forma indeterminada a sociedade em âmbito mundial.

Quanto às redes sociais, o cientista britânico Tim Berners-Lee, um dos criadores da internet, aproveitou o 30º Aniversário da World Wide Web para refletir acerca dos acertos e erros derivados da invenção "ainda que a web tenha criado oportunidades, dando voz a grupos marginalizados e tornando nossas vidas mais fáceis, também criou oportunidade para os vigaristas, deu voz aos que proclamam ódio e tornou mais fácil cometer toda a espécie de crimes" (MATSUURA, 2019).

Percebe-se que os avanços tecnológicos dentro da sociedade partiram de uma criação voltada a facilidades, que permitiram uma interação ampla e revolucionaria dos mais diversos campos, mas que também possibilitou uma interação que, dentro destas oportunidades benignas, se caracterizaram e se revestiram das mais diversas formas de atos criminosos voltados a grupos minoritários, praticados pelos *haters* da internet das mais diversas formas, seja pelas redes sociais, seja por filmes, matérias jornalísticas e por programas de televisão voltados ao humor, sendo este último travestido de piada, porém, com conteúdo que atinge a dignidade desses grupos.

Considerações finais

O problema do discurso de ódio perdura com o tempo, a dizer, a fomentação do extermínio dos judeus na época da Segunda Guerra Mundial foi oriunda de um discurso odioso de Adolf Hitler, assim como a perseguição constante às pessoas que possuam características diferentes da maioria social dominante em razão de sua raça, credo, etnia, orientação sexual, gênero, dentre outras.

Vislumbrou-se que os tratamentos dados ao discurso de ódio são diferentes em cada país, mas não havendo discrepância entre os países europeus, Canadá e o Brasil frente ao sistema americano, que coloca a liberdade de expressão como diretriz a ser perseguida, mesmo que isto acarrete ofensa ao direito de outrem, pois a tutela principal de direitos fundamentais é a liberdade de expressão, enquanto os países europeus, Canadá e o Brasil protegem a dignidade da pessoa humana.

Visto, também, que os avanços tecnológicos permitiram a inserção de pessoas, de empresas de mercados diversos e empresas profissionais nas mais diferentes frentes econômicas, bem como na interação entre estes na *internet*. Aqui se percebeu que, apesar da oportunidade gerada, a sociedade para uma interação mais facilitada, também foi a porta de entrada para que pessoas mal-intencionadas, acobertadas por discursos que incitam a violência ou o ódio contra as minorias, pudessem se manifestar em desacordo com os padrões aceitos moralmente pela sociedade, incorrendo em crimes e gerando mal-estar para aqueles que não comungam do mesmo pensamento.

Assim, se conclui que a liberdade de expressão, enquanto direito fundamental posicionado preferencialmente, não pode ser usado como justificativa para manifestações de cunho odioso, visando segregar ou aviltar minorias sociais que historicamente sofrem repressão, bem como não pode ser utilizada para que se consagre outras ofensas, como violar a integridade física ou psíquica, devendo ter plena observância e cuidado para seu exercício.

O mundo está em constante evolução social, tecnológica, econômica, emocional... Resta agora o Direito assumir sua responsabilidade de regulador das relações sociais e atender as demandas das relações virtuais, garantindo o respeito às minorias e a proteção à verdadeira e justa liberdade de expressão pretendida pela Constituição Federal.

Referências Bibliográficas

ALEMANHA, **Lei Fundamental Alemã**. 1949;

ALEMANHA, **Corte Constitucional Federal**. Az. 15 O 87/51. 1959;

AMARAL, A; COIMBRA, M. ***Expressões de Ódio nos Sites de Redes Sociais**: o universo dos haters no caso #EuNãoMereçoSerEstuprada.* Revista de Comunicação e Cultura UFBA. Disponível em <https://portalseer.ufba.br/index.php/contemporaneaposcom/article/view/14010/9879>. Acesso em: 01/05/2020;

ARENDT, H. **"Eichmann em Jerusalém: um relato sobre a banalidade do mal"**. Trad. de José Rubens Siqueira. São Paulo: Companhia das Letras, 2004;

BORCHARDT, C. K; LEAL DA SILVA, R; MARTINS, A. C. L; NICHEL, A. ***Discursos de Ódio em Redes Sociais**: jurisprudência brasileira.* Revista de Direito GV, 2011. Disponível em <https://www.scielo.br/pdf/rdgv/v7n2/a04v7n2>. Acesso em: 30/04/2020;

BOURDIEU, P. ***O poder simbólico***. Rio de Janeiro: Editora Bertrand Brasil S.A., 1989;

BRASIL, Congresso Nacional. Constituição da República Federativa do Brasil de 1988'

BRASIL, Supremo Tribunal Federal. *Ação Direta de Inconstitucionalidade por Omissão* nº 26, rel. Ministro Celso de Mello. DJ de 13 de junho de 2019'

BRASIL, Tribunal Regional Federal da 3ª Região. Apelação Cível nº 5000435-70.2018.4.03.6002. Rel. Desembargador Federal Helio Nogueira. DJ de 18 de maio de 2020;

BRASIL, Seção Judiciária do Rio de Janeiro, 1ª Vara Federal de Duque de Caxias. Ação Civil Pública nº 5010720-05.2019.4.02.5101. Autor: Ministério Público Federal. Réu: Gustavo Canuto Bezerra. Juiz Federal: Márcio Santoro Rocha. DJ de 13 de maio de 2020;

Suprema Corte do Canadá. S.C.R 697. Apelação nº 21.118. Julgamento em 13 de dezembro de 1990;

CASTELLS, M. *A Sociedade em Rede.* Trad.: Roneide Venancio Mejer. 8ª ed. São Paulo: Editora Paz e Terra, 2002;

FISS, O. M. **A ironia da liberdade de expressão: Estado, regulação e diversidade na esfera pública.** Rio de Janeiro: Renovar, 2005;

HARE, I; WEINSTEIN, J. *Extreme Speech and Democracy.* 1ª ed. Nova Iorque: Oxford University Press, 2009;

LUNA, N. M. P. A. F; SANTOS, G. F. **Liberdade de expressão e discurso de ódio no Brasil. Revista Direito e Liberdade,** v. 16, n. 3, p. 227-255, set./dez. 2014. Disponível em <http://ww2.esmarn.tjrn.jus.br/revistas/index.php/revista_direito_e_liberdade/article/viewFile/780/621>. Acesso em: 25/03/2020;

MARINONI, L. G; MITIDIERO, D; SARLET, I. W. **Curso de Direito Constitucional.** 8ª ed. São Paulo: Editora Saraiva, 2019;

MARTINS, A. C. L. *Discurso de Ódio em Redes Sociais e Reconhecimento do Outro: o caso M.* Revista Direito GV. Disponível em <http://bibliotecadigital.fgv.br/ojs/index.php/revdireitogv/article/view/79431/75983>. Acesso em: 29/04/2020;

MATSUURA, S. *World Wide Web comemora 30 anos e seu criador quer consertá-la.* O Globo, Rio de Janeiro, 12/03/2019. Disponível em < https://oglobo.globo.com/economia/tecnologia/world-wide-web-completa-30-anos-seu-criador-quer-conserta-la-23513951>. Acesso em: 30/05/2020;

SANTOS, M. *Por Uma Outra Globalização: do pensamento único à consciência universal.* 6ª ed. Rio de Janeiro/São Paulo: Editora Record, 2001.;

SARMENTO, D. *A Liberdade de Expressão e o Problema do "Hate Speech".* 2006. Disponível<http://professor.pucgoias.edu.br/sitedocente/admin/arquivosUpload/4888/material/a-liberdade-de-expressao-e-o-problema-do-hate-speech-daniel-sarmento.pdf>. Último acesso em: 30/05/2020

TPI - TRIBUNAL PENAL INTERNACIONAL   E O GENOCÍDIO DOS POVOS INDÍGENAS NO BRASIL

Francis Rajzman[1]

Considerações Preliminares

A Corte Penal Internacional ou Tribunal Penal Internacional como é predominantemente conhecido na literatura juridîca e, também, vulgarmente conhecido, foi instituîdo pelo Estatuto de Roma, Tratado adotado em 1998 na Itália, devendo-se somente salientar que suas bases e discussões acerca de sua criação datam de 1994 quando da Comissão de Direito Internacional, mas somente em meados de 1995 suas negociações se iniciaram nas Assembléias das Nações Unidas.

Ao se abordar a criação do CPI/TPI necessário se faz trazer a reflexão, de forma concisa e não esgotadamente, sobre a raiz ou natureza da norma jurîdica, e o papel pela mesma desempenhado na preservação da ordem pública nacional e internacional e na proteção de valores essenciais, quais sejam, os éticos, políticos, culturais,

---

[1] Mestre em Direito pela PUC-RJ; Professor universitário; Advogado; Pesquisador; escritor.

econômicos, sociais. A pretendida busca pela reflexão acerca da natureza da norma jurídica tem como finalidade, entre outras razões, pela profunda base moral que caracterizou as negociações acerca da instituição da Corte Penal Internacional que possui demasiadas questões jurídicas e políticas em seu seio.

Nesse longo caminho de questões, identificam-se correntes do pensamento jurídico reconhecidas como positivistas e de autoria de Bentham, Hobbes , Ockham , Kelsen, que tem como finalidade a compreensão da norma jurídica somente pela sua essência formal, como um comando capaz de impor determinado tipo de conduta social, prescindindo de outras considerações ou categorias associadas a raiz do consentimento e ao seu núcleo (conteúdo ou substantivo) de justiça das normas.

Por outro lado, identificam-se correntes que remontam a Platão e que tem seguidores até a modernidade como São Tomás de Aquino e Kant, conforme demonstram, há critérios - normas naturais, divinas, universais ou racionais -, através dos quais, para além das características formais, nos quais seja possível avaliar os preceitos jurídicos à luz da conformidade com princípios morais e de justiça, e conceber o direito como um sistema de motivação moral, instituído pela vontade humana como um aparelhamento de coordenação social para prevenir e coibir os males originários da interação entre os seres humanos não regulada ou prevista.

O direito concebido como uma ordem inspirada por valores não necessariamente é excludente do reconhecimento de que, ao designar em seus regulamentos a conduta humana no cenário social, a norma jurídica traz interesses e guia na busca a resolução de conflitos. Esse ponto é extremamente instrumental no que diz respeito ao Direito das Gentes ou Direito Internacional, por ser a sanção de eficácia e execução mais questionável, a relação entre os valores e a esfera da coordenação de interesses se torna ainda mais predominante, também conhecida, como a ponderação de valores e interesses num ordenamento jurídico determinado.

Na primeira concepção defendida por Hobbes, Grotius (p. 23, 2005) e Kant (p.15, 2013) identifica-se a justificativa para as diversas formas de relacionamento entre estados, sociedades e indivíduos. A força e o poder são categorias fundamentais nessas relações, e através da submissão se pode estabelecer entre as forças opositivas alguma ordem, mesmo que considerada de maneira precária. Pelo ponto de vista grociano, a evidência de interesses em comum permite a coordenação de relações em que a reciprocidade se impõe sobre a subordinação, de forma que os fins resultantes e adquiridos pela conjugação de forças suplantam aqueles adquiridos pelo exercício da força. É, por último, em Kant é possível identificar que a razão predomina sobre todo o restante, assim sobre as normas jurídicas de valores, assim sendo, os imperativos éticos de natureza universal e de respeito a dignidade da pessoa humana como sujeito de direito.

Com isso, o que se pretende demonstrar é que o direito das gentes ou direito internacional ganhou uma tradução evolutiva e progressista com o passar do tempo com a ampliação da esfera da normatividade derivada da coordenação de interesses (Grotius) e da esfera dos valores (Kant) resultando no esvaziamento da prevalência da violência e do poder (Hobbes).

Nesse caminho, insta enaltecer que o direito internacional humanitário da forma como foi concebido e sua evolução é um conjunto de normas e valores em que se evita a resolução de conflitos através da força e do poder, mas sim, por meio de instrumentos em que seja possível evitar a qualquer preço o custo de vidas humanas, ou, o seu desgaste, preservando-se assim aqueles em situações vulneráveis e repreendendo aqueles, que buscam pela violência e guerra, ou, ainda, por meio dos mais bárbaros atos contra os que não tem condições de se proteger, impor seu poder coercitivo e abusivo do direitos mais fundamentais dos seres humanos. Assim, a partir do século XX, há o surgimento de uma ordem normativa de âmbito internacional que estabelece barreiras para a ilimitada utilização da força, ainda que em situações extremas como os conflitos armados. A Corte Criminal Internacional é senão dizer o maior fruto dessa nova ordem normativa em que os valores morais são extremamente relevantes na esfera de interesses dos sujeitos de direito.

Povos Indígenas - Proteção dos Direitos em nível Nacional e Internacional

Importante iniciar a presente discussão demonstrando como a nossa Carta Magna de direitos e garantias fundamentais se manifesta acerca dos povos indígenas e sua proteção (art. 231), o que nunca se faz demasiado frisar que se trata de uma proteção e garantia de nível constitucional. Como se pode verificar do texto legal máximo do nosso país, os povos indígenas são garantidos os direitos originários sobre as terras que ocupam, cabendo à União somente o dever constitucional de demarcá-las a fim de conceder uma proteção mais ampla e absoluta para esse direito fundamental da população indígena e que não é passível de ser extinto ou mesmo limitado por nenhum outro preceito legal ou mesmo por decisões políticas, atos administrativos e/ou decisões jurisdicionais., todos esses atos administrativos, políticos ou judiciais estão aquém em termos de nível hierárquico e assim a constitucionalização da proteção dos indígenas faz com que ganhem uma maior garantia de não modificação.

Os parágrafos do artigo constitucional acima referido ainda dispõem que as terras indígenas são de caráter permanente e os recursos ambientais por elas proporcionadas são imprescindíveis para a subsistência dos povos indígenas além para seu próprio bem-estar.

O dispositivo ainda garante de forma peremptória o usufruto exclusivo das riquezas do solo, dos rios é dos lagos, nela existentes, o que por si só é suficiente para deixar claro que as terras indígenas não são passíveis de exploração de qualquer forma ou maneira existente que não a prescrita nos exatos moldes do preceito constitucional. E conclui o artigo 231 em seu parágrafo 4º que as terras indígenas são de caráter inalienáveis e indisponíveis e os direitos nela previstos imprescritíveis, fato este que somente vem a corroborar a tese que se tratam de direitos e garantias fundamentais que não estão aptos a serem modificados mesmo que em decorrência de mudanças políticas ou governamentais, elevando os direitos e garantias nesse dispositivo ao mesmo patamar daquelas existentes no artigo 5º da Constituição Federal do Brasil.

Os povos indígenas além da proteção máxima adquirida pela Constituição da República Federativa do Brasil em 1988, ganhou ainda proteção internacional pela Declaração Universal dos Direitos dos Povos Indígenas em 29 de Junho de 2016, documento este de que o Brasil é signatário e deve total respeito e cumprimento aos seus preceitos e políticas que devem ser instituídas a fim de garantir maior respeito aos direitos dessas etnias.

A Declaração dos Povos Indígenas afirma que os indígenas

são povos iguais a todos os demais existentes ao mesmo tempo que reconhece o direito de todos os povos a serem diferentes entre si, a se considerarem diferentes é serem respeitados na medida de suas desigualdades, ou seja, uma proteção universal a cada povo e sua cultura existente no mundo, não se fazendo distinção ou ainda reduzindo-se suas garantias e proteções legais por serem diferentes dos demais existentes. Não bastasse o até então exposto, a Declaração vai muito além ao dispor que os povos indígenas e suas culturas e riquezas existentes no seu desenvolvimento, costumes, características, meios em que vivem como sociedade e práticas religiosas são considerados como patrimônio da humanidade e merecem e devem ser de toda forma protegidos e preservados.

Segundo Casaldáliga (p.39, 1978), " Somos iguais pela igualdade fundante do nosso ser de pessoas humanas . Ser pessoa é a raiz de todos os direitos humanos que se possam reivindicar e conhecer, Por que ser pessoa é um fim em si, mesmo que relacional; é um absoluto, mesmo que relativo. Essa matriz de direitos , que pertence por natureza a todo ser humano, fundamenta e possibilita todos os direitos civis, sociais, econômicos, culturais e religiosos."

A Organização das Nações Unidas para a Educação, Ciência e Cultura (Unesco) definiu a cultura como

> *o conjunto de traços espirituais e materiais, intelectuais e afetivos que distinguem e caracterizam uma sociedade ou um grupo social e que abrange, além das artes e das letras, os modos de vida, as formas de viver em comunidade, os valores, as tradições e as crenças.*

Oswaldo Ruiz Chiriboga (p.2, 2020) disserta que "para elaborar o direito à identidade cultural, é necessário recorrer às definições dadas à cultura, cultura tradicional e popular, diversidade e pluralismo culturais e ao patrimônio cultural, reconhecendo previamente que estes conceitos não estão plenamente definidos e continuam em debate entre especialistas".

A cultura deixou de ser unicamente uma acumulação de obras e conhecimentos produzidos por uma determinada sociedade e não se limita ao acesso aos bens culturais, mas é, ao mesmo tempo, uma exigência de um modo de vida, que abrange também o sistema educativo, os meios de difusão, as indústrias culturais e o direito à informação.

A cultura tradicional e popular, por seu lado, foi definida pela Unesco na recomendação sobre a salvaguarda da cultura tradicional e popular (1989) como

> *o conjunto de criações que emanam de uma comunidade cultural, fundadas na tradição, expressas por um grupo ou por indivíduos e que reconhecidamente atendem às expectativas da comunidade como expressão de sua identidade cultural e social. As normas e valores se transmitem oralmente, por imitação ou de outra maneira. Suas formas compreendem, entre outras, a língua, a literatura, a música, a dança, os brinquedos, a mitologia, os ritos, os costumes, o artesanato, a arquitetura e outras artes.*

No preâmbulo da mencionada recomendação, afirma-se que a cultura tradicional ou popular "faz parte do patrimônio universal da humanidade e que é um poderoso meio de aproximação entre os povos e grupos sociais existentes e de afirmação de sua identidade cultural".

A diversidade cultural refere-se "à multiplicidade de formas em que se expressam as culturas dos grupos e sociedades. Estas expressões se transmitem entre os grupos e as sociedades e dentro deles". Esta diversidade cultural "é, para o gênero humano, tão necessária como a diversidade biológica para os organismos vivos e constitui o patrimônio comum da humanidade, que deve ser reconhecido e consolidado em benefício das gerações presentes e futuras".

Diante disso, os Estados (nações) têm obrigação de proteger e promover a diversidade cultural e adotar "políticas que favoreçam a inclusão e a participação de todos os cidadãos, para que se garanta, assim, a coesão social, a vitalidade da sociedade civil e a paz". Assim, "o pluralismo cultural constitui a resposta política ao fato da diversidade cultural".

A Declaração Universal sobre a Diversidade Cultural de 2002 (Unesco) ainda afirma em seu preâmbulo que "a cultura deve ser considerada como o conjunto dos traços distintivos espirituais e materiais, intelectuais e afetivos que caracterizam uma sociedade ou um grupo social e que abrange, além das artes e das letras, os modos de vida, as formas de viver em comunidade, os sistemas de valores, as tradições e as crenças".

No artigo primeiro da Declaração mencionada acima considera a identidade cultural como patrimonio da humanidade:

> *A cultura adquire formas diversas através do tempo e do espaço. Essa diversidade manifesta-se na originalidade e na pluralidade das identidades que caracterizam os grupos e as sociedades que compõem a humanidade. Fonte de intercâmbios, de inovação e de criatividade, a diversidade cultural é tão necessária para o género humano como a diversidade biológica o é para a natureza. Neste sentido, constitui o património comum da humanidade e deve ser reconhecida e consolidada em benefício das gerações presentes e futuras.*

O artigo 2 da mesma Declaração ainda dispõe:

> *Nas nossas sociedades cada vez mais diversificadas, torna-se indispensável garantir a interacção harmoniosa e a vontade de viver em conjunto de pessoas e grupos com identidades culturais plurais, variadas e dinâmicas. As políticas que favorecem a inclusão e a participação de todos os cidadãos garantem a coesão social, a vitalidade da sociedade civil e a paz. Definido desta forma, o pluralismo cultural constitui a resposta política à realidade da diversidade cultural. Inseparável de um contexto democrático, o pluralismo cultural é propício aos intercâmbios culturais e ao desenvolvimento das capacidades criadoras que nutrem a vida pública.*

Com isso, se faz inequívoca a relevância da proteção dos direitos dos povos indígenas como um patrimônio cultural e histórico da humanidade, de maneira que pertence a história não somente do Estado em que são nativos mas, ainda, do planeta Terra, visto que suas tradições, costumes, símbolos, artes, línguas e processo de desenvolvimento são fruto de um passado que merece e deve ser preservado, entretanto, a violação de seus direitos e garantias nacionais e internacionais provocam reflexos na história e no patrimônio de todas as Nações.

Em 2014 foi finalizado um documento chamado de "Os

Povos Indígenas da América Latina - Avanços na última década e desafios pendentes para a garantia de seus direitos, e elaborado pela Comissão Econômica para a América Latina e o Caribe (CEPAL), através do Centro Latino-Americano e Caribenho de Demografia (CELADE) - Divisão de População da CEPAL, sob a direcao de Dirk Jaspers-Faijer. Este estudo responde a um pedido do Fórum Permanente para as Questões Indígenas das Nações Unidas (UNPFII) e do Enlace Continental das Mulheres Indigenas das Americas (ECMIA).

Um dos pontos que se destaca nesse estudo das comunidades indígenas é o referente aos direitos territoriais dos povos indígenas como, inclusive, já se havia enfatizado na presente discussão. O estudo, que engloba não somente o Brasil, mas também, países componentes das Américas e o Caribe utiliza-se das normas de direito internacional e suas diretrizes políticas mais que debatidas e já harmonizadas no debate jurídico-político a fim de trazer uma análise da situação em os povos indígenas se encontram além de indicar quais direitos merecem maior defesa no momento atual e que garantias podem ser instrumentalizadas para uma eficácia mais sólida e cristalizada, a fim de que não sofra futuras rupturas ou rachaduras em virtude de governos ou políticas nacionais futuras.

O referido estudo destaca a influência da Corte Interamericana de Direitos Humanos (CIDH) com seus relatórios e sentenças interpretativas da Convenção Americana de Direitos, que se transformou numa referência necessária em matérias dos direitos territoriais dos povos indígenas. A CIDH em 2009 assim se manifesta sobre esses direitos:

> *"Para as comunidades indigenas a relacao com a terra não é meramente uma questao de posse e produção, mas um elemento material e espiritual do qual devem gozar plenamente, inclusive para preservar seu legado cultural e transmiti-lo para as futuras gerações."*

A reivindicação territorial dos povos indígenas atravessa duas dimensões: o espaço e os processos. A primeira dimensão expressa-se na demanda pelo uso, gozo e manejo dos recursos naturais; a segunda na reivindicação do controle sobre os processos de ordem política, econômica, social e cultural para assegurar a reprodução e continuidade material e cultural do grupo, de forma que sejam efetuados conforme as normas próprias dos povos indígenas. O território apresenta-se então como um sistema de recursos e um espaço jurisdicional onde se exercem direitos coletivos cujo titular é o povo indígena.

A irrupção de conflitos pelo controle e uso dos recursos naturais em terras na América Latina tem sido cada vez mais frequentes em razão da exploração de atividades primárias de exportação gerando inclusive graves impactos ambientais, reclassificação de espacial e violação de direitos, interesses e territórios dos povos indígenas. Em maior parte desses conflitos há a utilização de violência para a resolução dos mesmos, ainda esse cenário recebe agravantes em contextos de exclusão política, discriminação social e marginalização econômica.

Assim cabe lembrar no que tange à vinculação do poder público aos direitos fundamentais assim como sua amplitude as palavras de Ingo Wolfgang Sarlet que analisando o artigo quinto parágrafo primeiro da Constituição Brasileira diz que, "pode ser compreendido como um mandado de otimização de sua eficácia, pelo menos no sentido de impor aos poderes públicos a aplicação imediata dos direitos fundamentais, outorgando-lhes, nos termos desta aplicabilidade, a maior eficácia possível. Assim, por exemplo, mesmo em se tratando de norma de eficácia inequivocadamente limitada, o legislador, além de obrigado a atuar no sentido de concretização do direito fundamental, encontra-se proibido (é nesta medida também está vinculado) de editar normas que atentem contra o sentido e a finalidade da norma de direito fundamental.

Ainda nessa linha de raciocínio, faz-se necessário enfatizar a vinculação do legislador aos direitos fundamentais, com isso traz se as nobres palavras da teoria clássica de Durig, para quem "esta vinculação, considerada com base numa dimensão filosófica e histórica, implica clara renúncia à crença positivista na onipotência do legislador estatal, significando, por outro lado (sob um ângulo dogmático-jurídico) a expressão jurídico-positiva da decisão tomada pelo Constituinte em favor da prevalência dos valores intangíveis contidos nas normas de direitos fundamentais em face do direito positivo (p.93, 1905).

Os governantes futuros ou mesmo legisladores estão vinculados aos ditames dos direitos territoriais e culturais dos povos indígenas, visto que estes além de se qualificarem como direitos fundamentais nacionais foram elevados a categoria de direitos de caráter supranacional eis que estão assim dispostos não somente nas constituições dos países mas ainda nas declarações internacionais protetivas e garantidoras dos seus direitos.

O Brasil, particularmente, vem sofrendo maior ataques em territórios dos povos indígenas desde que o atual presidente já em sua campanha eleitoral vem se manifestando que as referidas terras devem ser reduzidas e ainda alienadas para exploração de seus recursos naturais, vindo ainda a ressaltar que as terras já delimitadas para os indígenas deveriam ser deles retiradas pois não seriam aos mesmos pertencentes e que não haveria qualquer espécie de consequência ou efeito nocivo aos povos indígenas, pois os mesmos se encontram em sua maioria integrados à sociedade.

Maiara Folly em Migrantes Invisíveis realiza uma pesquisa quantitativa e qualitativa dos deslocamentos ocorridos no Brasil. Assim considerando traz alguns dados relevantes como "em termos relativos, ou seja, considerando o número total de pessoas deslocadas em relação ao número de habitantes de cada estado brasileiro, o estado do Amazonas se torna o principal afetado (teve 26% de pessoas deslocadas, de sua população de 3.483.985 pessoas), seguido do Acre (16% do total de 733.559 de habitantes), Santa Catarina (14% de 6.248.436), Rio Grande do Sul (8% de 10.693.929) e do Espírito Santo (8% de 3.514.952). Neste caso, o número de habitantes de cada estado foi baseado no Censo 2010 realizado IBGE". Nesse referido deslocamento uma de suas maiores causas como acentua a autora é a violência rural, ou seja, madeireiros, grileiro, mineradores e toda espécie de autores de atividades ilegais que contrariam a lei e retiram os moradores dessas áreas de suas terras com o único intuito de exploração de seus recursos para seu próprio proveito.

Ressalte-se que a atividade ilegal de grileiros, madeireiros, mineradores é atividades correlatas que servem para a exploração dos recursos naturais e uso da terra para exportação vem ganhando maior expoente no atual governo do presidente Jair Bolsonaro, visto que o mesmo tem defendido esse tipo de atividade e a consequente depreciação dos direitos fundamentais dos povos indígenas como se pode verificar a todo momento nos veículos de imprensa. Exalte-se que esse mesmo governo ainda enaltece um discurso de violência contra os povos indígenas ao salientar em todos os seus discursos primeiramente que a população deve ser armada para defender seus direitos é, ademais, que as populações indígenas não se deve nada é que não são titulares de nenhum direito pois são cidadãos brasileiros como todos os demais é assim devem ser tratados. Ou seja, a atual presidência do Brasil não reconhece os povos indígenas e seus direitos fundamentais e supranacionais garantidos na Constituição Brasileira e/ou em Declarações Internacionais ou decisões interpretativas proferidas por Cortes Internacionais como foi peremptoriamente citados neste artigo.

Considerações Finais

Neste dia 9 de Agosto de 2020 em que se completa mais um ano de celebração do Dia Internacional dos Povos Indígenas é preciso comemorar a Declaração Universal de Proteção dos Povos Indígenas e ao mesmo tempo enaltecer que essa proteção não se deixe recair num vazio de efetividade e eficácia, pois foi instituída e ratificada pelos seus Estados-membros com o intuito de garantir que os povos indígenas continuem a existir e propagar e difundir suas culturas para as presentes e futuras gerações, da mesma maneira o homem branco deve respeitá-la e aprender com esses povos, pois como já extremamente propagado e descoberto por estudos científicos, os povos indígenas possuem um profundo conhecimento da natureza e seus benefícios à vida, através de seus conhecimentos sobre plantas medicinais já se foi possível fazer grandes evoluções em nossa medicina moderna.

O índio precisa ser encarado como um sujeito de direito internacional de extrema relevância para todos as sociedades e Estados, visto que habitam o planeta Terra muito antes da constituição dos Estados como eles se identificam na atualidade. O índio não é somente o ser que não está integrado em sociedade ou que se encontra nas florestas ou em regiões florestais ou pouco habitadas pela humanidade, mas, ao contrário, é o ser que primeiro pisou em nossas planícies e que traz um conhecimento indelével para toda à humanidade. Quando uma sociedade ou estado se omite na proteção ou garantia de seus direitos mais fundamentais como o da própria vida ou de ir e vir em suas terras seria o mesmo que negar à sua própria existência, no mesmo sentido à não garantia às suas individualidades como de viverem à parte da sociedade sem serem incomodados pelo homem branco (as pessoas em geral - físicas ou jurídicas integradas à sociedade) é negar-lhes o direito ao próprio ser e estar.

Assim ao se verificar que Estados na atualidade se comportam como verdadeiros omissos na garantias desses direitos universais dos povos indígenas, o que se está diante, em verdade, é de um legítimo crime de genocídio ao permitir que quaisquer pessoas possam dizimar esses povos impunemente tão somente pela cobiça de terras e recursos naturais, situação esta que não pode mais ser permitida no atual panorama internacional, visto que há uma corte penal responsável por julgar tais espécies de crimes contra os povos indígenas no mundo.

E por último resta se valer da máxima de Ferdinand Lassale que se a eficácia e efetividade das normas constitucionais e internacionais não sejam de imediato postas em exercício, nossa Carta Constitucional e/ou mesmo as Declarações Internacionais não passariam de mero pedaço de "papel".

Referências Bibliográficas

BARBIERI, S. R. J. **Os direitos constitucionais dos Índios e o Direito à Diferença, face ao Princípio da Dignidade da Pessoa Humana**. Almedina, 2009.

BENTHAM, J. **Princípios da Moral e da Legislação**. Victor Civita: 1974.

CANOTILHO, J.J. G. **Direito Constitucional e a Teoria da Constituição**. Almedina, 7a Edição, 1905.

CASALDÁLIGA, D. P. **Creio na Justiça e na Esperança**. Editora Civilização Brasileira, 1978.

CHIBOYA, O. R. **O direito à identidade cultural dos povos indígenas é das minorias nacionais: um olhar a partir do Sistema Interamericano**. Em http://www.scielo.br Acessado em 29.07.2020 as 10:00 am.

FOLLY, M. **Migrantes Invisíveis: a crise do deslocamento forçado no Brasil**. Instituto Igarapé. www.igarape.org.br acesso as 8:00 pm em 26 de Julho de 2020 .

GROTIUS, H. **O direito da guerra e da paz**. Unijuí: 2005.

HALL, S. **A identidade cultural na pós-modernidade**. DP&A Editora: 2001.

HESSE, K. **A Força Normativa da Constituição**. Sergio Antonio Fabris, 1991.

HOBBES, T. **Leviatã**. Ícone Editora: 2008.

KANT, I. **Critica da Razao Pura**. Editora Vozes: 2013.

OCKHAM, G. **La Filosofía Política**. Ed. Encuentro: 2005.

SABOIA, G. V. **Conferência - A Criação do T.P.I**. em http://www.cjf.jus.br acessado em 24 de julho de 2020 as 9:00 pm.

SARLET, I. W. **A Eficácia dos Direitos Fundamentais**. Livraria do Advogado Editora: 2004.

UNESCO, Janusz Symonides, **"Derechos culturales: una categoría descuidada de derechos humanos"**, *Revista Internacional de Ciencias Sociales*, n. 158, dezembro de 1998, disponível em: http://www.unesco.org/issj/rics158/titlepage158spa.html, acesso em 28 de Julho de 2020 as 5:00 pm.

UNESCO. **Preâmbulo da Declaração Universal da Unesco sobre a diversidade cultural** (2001).

UNESCO. **Declaração Universal da Unesco sobre a Diversidade Cultural**. 2001, art. 1.

UN CEPAL. **Os povos indígenas na América Latina: Avanços na última década e desafios pendentes para a garantia de seus direitos**. http://www.un.org acessado em 23.07.2020 as 07:00 am.

A BUSCA DE EFEITOS POSITIVOS DAS NORMAS PROGRAMÁTICAS

Alfredo Rodrigues Junior[1]

Considerações introdutórias

A busca por reduções de desigualdades sociais é um fenômeno que praticamente já perpassa por um milênio, mas traz a sensação de que surgiu há pouco tempo, tamanho é o quadro dantesco que ainda se apresenta repetitiva vezes, a despeito de todos esses séculos de lutas. A história nos mostra que praticamente todas as atuais constituições ocidentais se prepararam para essa indigitada busca. A materialização de normas de proteção de determinados direitos - que simboliza a conquista da humanidade nesse aspecto - é planta nativa no âmbito dessas cartas políticas. Surge assim a relação dos direitos de segunda geração com as denominadas constituições dirigentes, constituições quadro, normas programáticas etc. Em síntese as críticas se convergem ao denominado déficit de efetividade dessas normas por não serem vinculativas, por serem destituídas de imperatividade e, por conseguinte, não passarem de meros programas. Cabe aqui consignar que essa discussão se pulveriza num terreno fértil dentro

---

[1] Advogado, Mestre em direito público, Especialista em direito penal, processual penal e criminologia. Professor de Direito Penal.

das doutrinas nacionais e estrangeiras e se pretende especificamente buscar relativizar os argumentos de oportunidade e conveniência da administração pública como obstáculo à funcionalidade do Direito sob o ponto de vista de prestações positivas, trazendo o amparo a outros princípios constitucionais que legitimam o Estado-Juiz a exigir que o Estado-Legislativo e o Estado-Executivo, ao menos, fundamentem suas inércias em motivações sólidas e não em meras conjecturas. Em especial, enaltecer que aos mandados constitucionais de criminalização não se consegue seguir o mesmo tratamento, por força da dogmática especial do Direito Penal.

Normas programáticas

As discussões acerca da efetividade das normas programáticas ou a denominada força normativa da programaticidade não delimitam o espectro que se forma em torno dos pertinentes debates, o próprio conceito de progamaticidade já inicia os conflitos doutrinários que se estendem na matéria.

Sob o influxo histórico, facilmente encontramos na literatura específica os marcos que engendraram e incutiram nas partes dogmáticas das constituições essa ideologia social, política e jurídica responsável pelo aparecimento de tal modalidade de norma constitucional, Barroso (2009) salienta o período pós-guerra como um marco essencialmente pragmático.

A relação Estado – Indivíduo demonstra que aquele se destina à realização de determinados fins ambicionando alcançar as necessidades básicas deste. Como relação, consiste num cabedal de direitos e obrigações dirigido a todos os atores sociais e não só uma obrigação estatal, embora a priori possa pensar somente nessa hipótese, existindo, dessa maneira, uma necessária forma de simetria para que seja atingindo o fim procurado.

A pseudonoção de única responsabilidade estatal também pode estar condicionada ao fato de que esses indigitados marcos históricos provocaram a necessidade de uma maior intromissão do Estado nas criações de regras destinadas a compatibilizar a transição para a efetivação de uma plena justiça social que reclamava esse novo sistema, o denominado "Estado Intervencionista".

Em síntese, o que se quer consignar é que, a despeito

da noção de que o Estado nasceu para o indivíduo, não se pode furtar de reconhecer que este embora destinatário das políticas públicas é detentor de responsabilidades assim como o seu emissor. É bem verdade que quase todos os métodos de controle estão voltados a esse Estado por ele ser o gestor dessas políticas.

Precisamente o indivíduo em sua relação social é o escopo primordial do trabalho do Estado como gestor dessa nova fase, o nível de desigualdade social cresce paulatina e vertiginosamente e a grande preocupação é traçar metas e programas que possam conter essa situação alarmante. Essas metas ou programas, continua explicando Barroso (2009), possuem necessária efetivação imediata outras mediatas. Nas palavras do referido Ministro do STF, os direitos sociais reclamam a primeira hipótese, valendo dizer, normas que definem direitos para o presente, outras situações reclamam interesses de caráter prospectivo firmando proposições diretivas e projeções de comportamentos a serem realizados pelo Estado dentro do quadro de suas possibilidades e de forma progressiva. Pontes de Miranda (1969) enaltece que são normas pelas quais o constituinte traça linhas diretoras para orientar os poderes públicos.

Portanto, já se pode começar a montar um quadro em perspectiva, pois quando a sociedade (e a visão aqui, como dito, é o foco no indivíduo na sua relação social) ainda se encontra deficitária de elementos mínimos a ensejar o bem comum, surge a pretensão em exigir do Estado a busca por esses elementos. Aqui já se faz prudente vislumbrar a distinção das áreas do Poder Público com suas respectivas responsabilidades: Nessa seara, temos o Executivo e o Legislativo com suas respectivas obrigações positivas de fazer e o Judiciário, com a obrigação também positiva, de fiscalizar e dizer o Direito.

Chega-se ao ponto de tensão: Não fica difícil observar que a entrega jurisdicional da fiscalização das ações e da declaração de um direito numa relação jurídica nem sempre é eficaz à busca do fim perseguido por essas normas programáticas, basta observar a possibilidade do ***Estado – Executivo*** responder ao ***Estado – Juiz*** que não possui condições financeiras ao exercício daquela tarefa ou então o ***Estado – Legislador*** ficar inerte ao dever de legislar ao caso específico mesmo condenado para tanto.

E nesses casos? Acabou a responsabilidade do Poder Judiciário com a entrega da prestação, mesmo que não gerando efeitos ambicionados? Pode então o Poder Judiciário "ir mais além" e realizar ações consideradas anômalas de suas atribuições, exercendo o denominado "ativismo judicial?". Ainda nas palavras de Barroso (2009) é a fluidez da fronteira entre a política e a justiça no mundo contemporâneo.

É de bom tom que se traga ao conhecimento de que os exemplos acima consideram o reconhecimento da ação por parte do Judiciário e sua respectiva decisão, seja ela considerada exacerbada de suas funções ou limitada a elas, contudo, ainda pior é o fato do não reconhecimento dessas ações ao fundamento de não poder atingir decisões de mérito administrativo.

Assim, antes mesmo de adentrar ao mérito dessa sistemática "política-justiça", traçam-se as discussões anteriores que, conforme preconizado acima, remontam às críticas quanto ao próprio conceito de norma programática.

No diagnóstico de Ataliba (1980) este traz a incongruência semântica entre a palavra "norma" e "programa", pois são termos contraditórios uma vez que "norma" traz significado imperativo enquanto "programa" traz significado prescritivo e nas palavras de Barroso (2009) referindo-se a Fábio Comparato, salienta que este entende que as normas programáticas são atributivas de poderes desacompanhados do correspondente sistema de sanções, como também definidora de princípios desligados das regras de aplicação.

Como se observa, o próprio conceito de programaticidade já é tema que guarda certa divergência na doutrina e, como consequência, a análise do Estado Juiz em face de normas programáticas é temática bastante divorciada de um consenso.

Eficácia positiva da programaticidade:
Salienta Oliveira (2007) que as normas programáticas possuem consolidada duas modalidades de efeitos: o hermenêutico e o negativo. O denominado efeito positivo, o que é a grande questão discutida, a elas é negado pelos argumentos de que seus dispositivos só levam a um dever geral de legislar; as suas providências estão submetidas ao juízo discricionário do agente público, porquanto não há dever jurídico apenas indicações ou recomendações; não são positivamente exigíveis, uma vez não trazerem em seus postulados os meios ou as formas para lograr o fim que preconiza atingir; enfim,

são essas entre outras fundamentações.

Argumentações não faltam no sentido de combater os fundamentos acima que justificam a inexistência do direito subjetivo de exigir um comportamento público positivo, a despeito de apresentarem estes mesmos fundamentos como corrente majoritária em nosso ordenamento jurídico.

Algumas dessas argumentações, ainda em amparo a Oliveira (2007), são interessantes em serem observadas: a primeira diz respeito à conceituação; não é tarefa simples conceituar um determinado preceito como norma constitucional, a doutrina é vacilante nesse aspecto, mormente no cotejo com o que se deve entender como norma definidora de direito.

De observar-se que nessa seara da discussão conceitual, o embate doutrinário, em verdade, muda de vertente e mais do que isso, ou seja, traz um interessante desfecho no sentido de que o jogo hermenêutico gira entorno de uma subordinação conceitual a fim de que se reconheça ou não a possibilidade de se exigir do Poder Público um comportamento positivo, fato que nos parece apresentar patente o ilogismo.

Assim, se temos três normas constitucionais A, B e C em que inequivocamente na doutrina as duas primeiras são apontadas como definidoras de direito e a terceira gera uma grande dicotomia em se aferir característica programática ou não, teríamos a seguinte situação: quanto às normas A e B o Estado Juiz, quando provocado, condenaria o Poder Público a exercer ações positivas nos termos estabelecidos pelas respectivas normas e quanto à norma C, o Estado-Juiz, quando provocado, exerceria ou não a jurisdição demandada porque dependeria da corrente doutrinária a que se filiasse.

Fica manifestamente evidente que o interesse maior, qual seja, o bem jurídico protegido pela norma passaria a um patamar subjacente quando o viés seria a preliminar análise de se saber se essa referida norma tem ou não conotação programática, fato que parece divorciado da vontade do constituinte originário.

É de bom tom também trazer ao conhecimento de que o efeito hermenêutico, para quem a doutrina é uníssona em afirmar existir nas normas programáticas, indubitavelmente pode trazer modalidade de efeito positivo basta pensar que o produto dessa interpretação remetesse à ilação de que fosse caso da existência de direito subjetivo a determinado comportamento ou prestação, ainda nas palavras de Oliveira (2007), a cuja interpretação refere-se outra norma tida também como programática, estaria o intérprete numa verdadeira "sinuca de bico".

Aqui também se julga desnecessário escrever "rios de tinta" para analisar a viabilidade da exigência de prestação positiva de comandos programáticos quando se está em jogo direitos fundamentais, a linha de raciocínio é idêntica: é condensado na doutrina e jurisprudência o fato de direitos fundamentais são restringíveis e regulamentáveis, até porque restrição e regulamentação podem possuir causalidades semelhantes e na medida em que os direitos fundamentais ficam em igual plano hierárquico a tendência é de um proporcional aumento de aparentes colisões entre esses direitos fundamentais.

Nessa seara, chega-se ao momento da interpretação da CRFB, art. 5º § 1º que preconiza "as normas definidoras dos direitos e garantias fundamentais têm aplicação imediata".

Aqui, de uma leitura atenta, por essência trata-se de normas constitucionais definidoras de direitos que têm por objeto imediato a definição de direitos fundamentais, dirigidas primordialmente às relações entre particulares ou órgãos públicos e particulares como também às relações entre entidades ou órgãos públicos e particulares ou estes últimos reciprocamente considerados, invocando direitos subjetivos e, por conseguinte, nas palavras de Peña (2006), investindo os jurisdicionados em situações jurídicas imediatamente desfrutáveis podendo ser exteriorizadas por prestações positivas.

Justamente nesse particular que vem um integrante questionamento: O que seria uma norma constitucional cujo objeto imediato é o estabelecimento de fins públicos a serem alcançados pelo Estado e Sociedade sem a especificação dos meios para a obtenção dos meios para a obtenção das finalidades colimadas senão definidoras de direitos e garantias fundamentais? A não especificação dos meios (nada obstante alguns discordarem dessa premissa) não subverte a natureza das finalidades colimadas, finalidades essas com espectro eminentemente social e como tal, encarnado em direito fundamental.

Por essas inquietações o ex-ministro da Justiça e juiz federal Moro (2001) preleciona que a discussão deve ser deslocada para o que se denomina desenvolvimento e efetivação das normas constitucionais, uma vez que possibilita que todas as normas veiculadas pela Constituição Federal sejam invocáveis perante o Poder Judiciário para a solução de casos concretos, inclusive as regras e princípios de conteúdo social, mesmo que dependentes de interposição da legislação ordinária, valendo dizer, ao Estado-Juiz quando provocado, independentemente de que tipo de norma constitucional consista o fundamento do pedido, está vinculado a ofertar o provimento jurisdicional.

Perceba-se que não se está a discutir os elementos teóricos que subsidiaram as decisões de mérito, mas que o Estado-Juiz não se exima de analisar e ofertar a jurisdição ambicionada.

Estado Social / Justiça Social

A despeito de marcos históricos já aqui trazidos como divisor de águas da necessidade do Estado como interventor; evidentemente essa necessidade de justiça social que se faz eco em praticamente todos os espaços do Globo é produto, dentre outras coisas, de desigualdades econômicas históricas, porquanto a proclamação universal da verdade formal entre as pessoas. Paupério (1981), sinaliza tratar-se do fruto preponderantemente da luta cristã pela existência de uma justiça social.

Justiça social está diretamente responsável pela reformulação radical do regime de propriedade (agora exercendo sua função social, como postulado básico constitucional), para isso tendo que exercer efetivamente o controle de grande número de atividades sociais, como a economia, política, educação assegurando à sociedade o gozo efetivo desses direitos assim reconhecidos.

Percebe-se a zona conflitante: de um lado a sociedade menos favorecida precisando de políticas públicas de inclusão social, do outro o Poder Público com a obrigação constitucional de ofertar as referidas políticas. Os elementos da equação são: a) demanda exacerbada b) impossibilidade econômica do Estado de prover as demandas c) juízo discricionário do Poder Público em escolher as políticas primordiais d) necessidade real de quem deduz pretensão e) Prevalecimento do interesse público.

Dos diversos desdobramentos para solução dessa equação acima, especialmente dois argumentos se destacam: Reserva do possível & translação dos direitos sociais da dogmática jurídico-constitucional para as teorias da justiça, econômica e argumentativa.

Canotilho (2008) trabalha especialmente com esses arquétipos, fazendo uma construção axiológica de que não basta o argumento e o convencimento para se chegar ao fim ambicionado, o alicerce jurídico é imperativo básico para legitimar o que se pede e justificar uma decisão procedente. Neste particular, salienta o professor lusitano, não existe uma compreensão, mínima que seja, de direitos sociais para erigir a um alicerce jurídico fundamentador, em suas palavras há muitas fragilidades metodológicas que implicam pré-compreensões somente e que não são legitimadoras de construir um eixo entre a normatividade e a eficácia por intermédio do discurso jurídico-constitucional.

Parece pouco para embasar ou legitimar a ineficácia da busca da efetivação dos direitos sociais em sede jurisdicional; o que não faltam no ordenamento jurídico são conceitos abertos ou em branco e isso, por si só, não autoriza o Judiciário a se eximir de ofertar prestações solicitadas por intermédio dessa via. O "fuzzysmo" a que faz referência Canotilho (2008) é típico de relações sociais em que sempre aparecerão situações novas e desafiadoras de tutela e como tais, consistem em plantas nativas, embora até então desconhecidas, que aderem ao terreno fértil da sociedade. Situação distinta é negar a um caso concreto com base e fundamentos que reclamariam o fato naquela situação, mas a cujo resultado indubitavelmente chegou análise meritória; aliás, não seria esta outra coisa senão um discurso jurídico-constitucional.

Especialmente à discussão da Reserva do Possível, ainda o catedrático da Universidade de Coimbra faz referência direta aos novos direitos sociais de minorias sociais, afirmando que a efetivação desses direitos geram consequências, ao menos pessimistas, acerca da consequente distribuição do financiamento de tais direitos por várias gerações e por isso mesmo há a inexorável necessidade de se buscar alternativas com o escopo de equacionar essa tensão a níveis toleráveis ou equilibrados.

Atenta para o fenômeno da transposição da autopoiese para esse particular do Direito, lecionando a possibilidade do equilíbrio procurado, esse processo se manifestaria por intermédio da introversão estatal da sociedade.

Ainda diagnosticando o precário argumento legitimador de

uma relativização desses direitos sociais, fato que só vem a recrudescer o discurso de que o Estado-Juiz não pode intervir na prestação positiva do Poder Público ao caso concreto uma vez que este teria o mérito administrativo de analisar discricionariamente quais as possibilidades do Estado em prestar positivamente as ações que achar convenientes de acordo com o mesmo caso concreto.

Seria de desejar que um dia o Estado alcançasse um patamar de autonomia financeira que proporcionasse prestações sociais positivas à medida que aparecessem as respectivas demandas sociais; muito pouca dedução não assemelharia tal situação a uma quimera. Neste diapasão ressalta-se que o estudo aqui exposto não está a pretender que se viva em uma utopia, contudo com o mesmo elastério crítico não se tem como aceitar, à guisa de discricionariedade, *in exemplis* preterir a reforma de um hospital público sob o argumento de já existir um compromisso orçamentário para a construção de uma praça pública.

Não há juízo meritório que justifique a natural tarifação de bens e serviços essenciais; "essencialidade" e "discricionariedade" indubitavelmente guardam uma carga semântica diametralmente oposta a ponto de inquestionavelmente se formar uma antítese. É da própria natureza desta relação que nascem normas a exigir mínimos percentuais em planos orçamentários públicos que vinculam o agente público a destinar valores a determinados segmentos trazendo, dessa maneira, inexorável relativização a "oportunidade e conveniência" administrativas, e o Estado-Juiz não pode se furtar desse controle!

A participação ativa da sociedade civil em ações do Estado é fenômeno cada vez mais contundente e necessário, o crescimento do terceiro setor só faz confirmar essa premissa, entretanto o fomento estatal a essas atividades não pode criar uma transferência de responsabilidades, isso porque o Estado, como gestor, não perde sua condição como ator principal nessa relação, até pode se criar um instituto de co-culpabilidade, mas nunca eximir o Poder Público de sua responsabilidade que é imanente.

Ainda assim essa acepção só é por nós aceitável quando as organizações não governamentais recebem incentivos, mesmo que indiretos, do Estado pois do contrário, isto é, quando seu trabalho é divorciado de qualquer patrocínio estatal, a qualquer momento podem deixar de prestar ações e o quadro retornar ao seu *status quo ante* sem falar, para isso, de qualquer tipo de responsabilidade.

Demais disso, não é fácil encaixar esses trabalhos não governamentais, mesmo que apresentem efetividade considerável, como um grande exemplo de transposição autopoietica de Maturana e Varela ao modelo de Luhmann, uma vez que não estar demonstrado tratar-se de paradigmas neurobiologistas, pois ao caso concreto não se está a apresentar microsistemas, pelo contrário, é parcela consideravelmente significativa em sede de direitos sociais.

A Constituição da República Federativa do Brasil como fonte formal de Direito Penal

Etimologicamente a palavra <u>fonte</u> vem de "fons", ou seja, significa dizer "nascente", "manancial". Conceitualmente é o lugar de onde provém alguma coisa e juridicamente é o lugar de onde provém a norma de direito.

Tradicionalmente as fontes de direito penal possuem uma dicotomia: materiais (também denominadas de produção ou substanciais) e formais (também denominadas de conhecimento ou de cognição). Quanto às fontes formais há também uma divisão que consiste em imediatas e mediatas.

Guardadas algumas discussões aqui ou acolá, a doutrina de forma majoritária apresenta a lei como a única fonte formal imediata e os costumes e princípios gerais de direito como fontes formais meditas. Confirmando essa tendência, destacam-se nesse mesmo diapasão: Bruno (1967), Damásio (1998), Dotti (2001), Estefam (2018), Capez (2016), Bitencourt (2017), Masson (2013), Hungria (1958), Greco (2014), Cirino (2006), Mirabete (2013), Costa Jr. (2008) etc.

Percebe-se uma ideia sedimentada por mais de meio século na literatura penal brasileira, notadamente com influência externa, como no exemplo replicado por Damásio (1998) de Edmundo Mezger metaforizando que "somente a lei abre as portas da prisão". Essa construção se manifesta, em elevadíssima proporção, em supedâneo aos princípios da Legalidade e da Reserva Legal, invocados claramente pelo próprio texto constitucional.

Ainda assim, Sanches (2016, págs. 51-53) chama atenção para o fato de que a matéria possui atualmente dois tipos de abordagem: doutrina clássica e moderna. À luz da doutrina moderna, fomentada, inclusive, pela EC 45, sustenta uma releitura complementando as fontes formais imediatas e revisando as fontes formais mediatas.

Ele assegura que não somente a lei, mas a própria constituição federal, os tratados e convenções internacionais de direitos humanos, a jurisprudência, os princípios e os complementos da norma penal em branco heterogênea são fontes formais imediatas, assim como apenas a doutrina se afigura como fonte formal mediata.

Nada obstante, é de bom tom deixar esclarecido que Noronha (1968, págs. 45-46) já nos chamava a atenção para o fato de que grande número de autores já asseveravam que doutrina, jurisprudência e tratados, entre outros, também consistiam em fontes formais imediatas de direito penal, portanto, não há nada de moderna nessa doutrina.

Considerações finais

Inevitável o cenário da Teoria Política contemporânea que se apresenta por conta do influxo da moderna democracia que se apresenta, ao menos no âmbito ocidental. Esse quadro fez e faz que muitas instituições apresentem pontos de esgotamento de seus modelos primários tendo em vista as conjunturas sociais complexas e diferenciadas que abarcam seu sistema, evidentemente a participação ativa da sociedade civil é ponto preponderante para que se consiga êxito nas necessárias superações.

Não se hesita em asseverar de que além da sociedade civil, o Estado-Juiz por suas específicas atribuições de controle necessita estar à frente dessas necessárias mudanças e as ações positivas inquestionavelmente são as que apresentam maior probabilidade de efetividade posto que a inércia estatal é o fato que mais contribui ou indica acerca do esgotamento do modelo estatal atual.

Evidentemente que não vai aqui uma apologia a um ativismo judicial exacerbado, a busca do equilíbrio é o elixir ambicionado por todos os governos democráticos, mas a necessidade dessa "invasão" do Estado-Juiz no âmbito dessas relações sociais. Na notória visão progressista habermasiana, esse momento consiste no produto do fenômeno da concepção do paradigma liberal da autonomia privada como caracterizador de direitos subjetivos transformando, dessa maneira, todos os interesses sociais em disponíveis e passíveis de tutela jurisdicional intervencionista.

Uma inércia ou infeliz escolha dos meios a serem alcançados pelo Estado, estabelecidos por normas programáticas, no intuito de obter finalidades sociais, certamente proporciona impactos violentos no entorno das garantias da dignidade da pessoa humana, pois não acompanha o ritmo do modelo de crescimento econômico imposto pelo mercado.

Nesse diapasão, essa inércia ou mesmo equívoca escolha tem o condão de fazer do Estado um gestor de interesses privados, fato que inquestionavelmente vai inversamente proporcional aos seus fins sociais.

Consequência disso é que não se pode perder de mira, o que já condensado pela doutrina administrativista, de que o instituto da discricionariedade não é sinônimo de livre arbítrio, os modelos de "oportunidade" e "conveniência" estão diretamente subordinados a controles regrados, essa necessidade de vinculação é essência natural dos Princípios Constitucionais da moralidade e eficiência administrativas.

Quando se tratar de postulados oriundos do Poder Constituinte Originário, todos os atos administrativos têm a obrigatoriedade de serem motivados, pois a subjetividade como único parâmetro de justificativa ganha contornos precários em face da importância da programaticidade constitucional.

Nesse condão, o Estado-Juiz não pode eximir-se de exercer sua preponderante atribuição de controle uma vez que a ele é dada a última tarefa de analisar a legitimidade da impossibilidade de realização de ações positivas ao caso concreto ou como também de julgar se a escolha realizada foi a que melhor subsumiu-se aos parâmetros engendrados pela norma programático em apreço.

Finalmente os mandados constitucionais de criminalização, como normas programáticas que são, sugerem o mesmo raciocínio exposto. No entanto, o tratamento especial de interpretação das normas penais decorre do próprio texto constitucional, portanto, ainda que a norma seja revestida formal e materialmente constitucional, essa relação exegética deve obedecer ao caráter dogmático do direito penal, repetindo, por exigência do próprio regramento constitucional.

O caráter dogmático é a essência do direito penal, como

ciência jurídica, uma vez que todo trabalho científico penal se destina ao direito positivo, sistematizando seu conjunto de preceitos para que deles se extraem todas as regras a serem aplicáveis às situações concretas. Prova disso é a evolução da teoria do tipo penal.

Nesse particular, percebe-se um diálogo perfeito entre o direito penal e o direito constitucional. As leis fundamentais do Estado que tutelam os indivíduos e a sociedade como um todo, funcionam de maneira refratária à dissolução da ordem social pretendida pelo delito como entidade autônoma.

No entanto, as normas constitucionais são programas direcionados ao legislador ordinário, formando diretrizes políticas de combate à criminalidade, nesse sentido, indeclinavelmente se manifestando como fontes formais mediatas. Somente a lei em sentido estrito pode criar o delito, ainda que em elevada proporção guiada pelo constituinte, é o poder legislativo o destinatário final não só da produção, como das vias de conhecimento da norma penal a todos que estejam presentes no território nacional, servindo, dessa forma, exclusivamente como fonte formal imediata.

Referências bibliográficas

ATALIBA, G. **Regime Constitucional e Leis Federais e Nacionais: Eficácia jurídica das normas constitucionais e leis complementares**. Revista de Direito Público, nº 13.

BARROSO, L. R. **O Direito Constitucional e a Efetividade de suas Normas**. Renovar. 2009.

BITENCOURT, C. R. **Tratado de Direito Penal. Volume 1**. Saraiva, 2017.

BRUNO, A. **Direito Penal parte geral Tomo I**. Forense, 1967

CANOTILHO, J.J. G. **Estudo sobre Direitos Fundamentais – metodologia fuzzy e camaleões normativos**. RT, 2008

CAPEZ, F. **Curso de Direito Penal. Parte geral volume 1**. Saraiva, 2016

COSTA JR., P J. **Curso de Direito Penal**. Saraiva, 2008.

DOTTI, R. A. **Curso de Direito Penal**. Forense, 2001.

ESTEFAM, A. **Direito Penal Volume 1**. Saraiva, 2018.

GRECO, R. **Curso de Direito Penal. Parte geral volume 1**. Ímpetus, 2014.

HUNGRIA, N. **Comentários ao Código Penal. Volume 1 Tomo 1.** Forense, 1958.

JESUS, D. E. **Direito Penal Volume 1.** Saraiva, 1998.

JÜRGEN, H. **Direito e Democracia: Entre facticidade e validade.** Volume 1. Tempo Brasileiro, 1997.

LEAL, R. G. **O Estado-Juiz na Democracia Contemporânea.** Livraria do Advogado, 2007.

MARQUES, J. F. **Tratado de Direito Penal. Volume 1.** Saraiva, 1964.

MASSON, C. **Direito Penal volume 1.** Método, 2013.

MIRABETE, J. F. **Manual de Direito Penal Volume 1.** Atlas, 2013.

MIRANDA, P. D. **Comentários à Constituição de 1967. Tomo I,** Forense, 1969.

MORAES, **G. P. Teoria da Constituição.** Lúmen Júris, 2006

MORO, S. F. **Desenvolvimento e Efetivação Judicial das Normas Constitucionais.** Max Limonad, 2001.

NORONHA. E. M. **Direito Penal. Volume 1.** Saraiva, 1968.

OLIVEIRA, F. **A constituição dirigente está morta...viva a constituição dirigente!** Renovar, 2007.

PAUPERIO, A. Machado. **Direito e Poder.** Forense,1981

SANTOS, J. C. **Direito Penal Parte Geral.** Lumen Juris, 2006.

SILVA, V. A. **O conteúdo essencial dos direitos fundamentais e a eficácia das normas constitucionais.** Revista de Direito do Estado, 2006.